LE SPIRITUALISME

PAR

Georges DUMESNIL

Professeur de Philosophie à l'Université de Grenoble

« Scio »

Saint Augustin.

PARIS

SOCIÉTÉ FRANÇAISE D'IMPRIMERIE ET DE LIBRAIRIE

ANCIENNE LIBRAIRIE LECÈNE, OUDIN ET Cⁱᵉ

15, rue de Cluny, 15

1905

LE SPIRITUALISME

LE SPIRITUALISME

PAR

Georges DUMESNIL

Professeur de Philosophie à l'Université de Grenoble

« Scio »

Saint Augustin.

———— ◇•◇ ————

PARIS

SOCIÉTÉ FRANÇAISE D'IMPRIMERIE ET DE LIBRAIRIE

ANCIENNE LIBRAIRIE LECÈNE, OUDIN ET Cⁱᵉ

15, rue de Cluny, 15

—

1905

OUVRAGES DU MÊME AUTEUR

Cours d'instruction morale et civique, 1 vol. in-12, chez DELAGRAVE, 1882... 2 fr. 50

La pédagogie révolutionnaire, 1 vol. in-12, chez DELAGRAVE, 1883... 2 fr. 50

La pédagogie dans l'Allemagne du Nord, 1 vol. in-12, chez DELAGRAVE, 1885... 2 fr. 50

Du rôle des concepts dans la vie intellectuelle et morale. Essai théorique d'après une vue de l'histoire, 1 vol. in-8°, chez HACHETTE, 1892. Ouvrage augmenté d'une nouvelle préface en 1898. Les exemplaires restants, en vente chez GRATIER, libraire à Grenoble... 5 fr. »

De tractatu Kantii paedagogico, 1 vol. in-8°, chez HACHETTE, 1892. Épuisé.

Pour la pédagogie, 1 vol. in-12, chez ARMAND COLIN, 1902. Ouvrage couronné par l'Académie des sciences morales et politiques... 3 fr. 50

L'âme et l'évolution de la littérature des origines à nos jours, 2 vol. in-12, à la Société française d'imprimerie et de librairie, 1903. Ouvrage couronné par l'Académie française........... 7 fr. 50

DIVO AVGVSTINO

RENATO DE QVARTIS

CONCRETAE CVIVSDAM PHILOSOPHIAE

MOLITORIBVS

ANGVLAREM HVNC LAPIDEM

REFECTVM PIVS

POSVI EGO

G. D.

AVANT-PROPOS

Notre pays a le plus grand besoin, nul ne le contestera, de reprendre une vive conscience des vérités durables qu'il a fait, aussi bien qu'aucun autre sans doute, luire aux yeux du monde et auxquelles il lui est arrivé de donner, soit par ses gestes, soit par ses œuvres, une parfaite expression. C'est ainsi seulement qu'il disciplinera ses passions et rassemblera ses forces disjointes. Aujourd'hui c'est devenu une règle dans une infinité de cas qu'un Français, depuis l'âge de douze ans environ, passe toute sa vie sans entendre jamais plus parler de son devoir. Au contraire, il est ménagé et adulé par son journal, corrompu par les pourvoyeurs de ses vices, déifié par ses mandataires ou ceux qui voudraient l'être. Jamais il n'est averti de chercher quelque contrariété en lui-même, il n'en rencontre que dans les appétits des autres, quand il n'est pas ligué avec eux. Sa volonté ne connaît plus de limites, elle ne connaît que des obstacles ou des nécessités; les obstacles l'exaspèrent, les nécessités la découragent : elle est surexcitée et faible. La conduite obéit encore partiellement à l'impulsion de quelques habitudes traditionnelles qui perdent de leur force, parce que la critique, les lois, l'idolâtrie des passions tendent aveuglément à en dessécher la source; on veut que la moralité coule en supprimant la morale.

Le mal est-il profond? Je n'en sais rien. Pour répondre à cette question, il faudrait tenir compte de facteurs très complexes dont beaucoup échappent. Ce que je sais, c'est qu'il est très visible et très étendu. Il n'y a pas une classe sociale, pas un élément de la société française qui n'en soit touché.

A part quelques remèdes extérieurs que la vie politique se chargera d'élaborer par ses procédés spontanés (souhaitons que ce soit avec le moindre dommage possible pour le droit et pour la nation), le remède d'une maladie morale ne saurait être que dans une doctrine morale qui affermisse les intelligences et assainisse les cœurs, les préparant tout au moins et les ouvrant aux courants efficaces du sentiment. L'idée peut ainsi précéder l'inclination, comme il arrive aussi qu'elle en est la suite, la manifestation intellectuelle. Soit à titre de causes, soit à titre de symptômes, les doctrines philosophiques jouent dans la vie d'un peuple un rôle important que nul esprit sérieux ne conteste. Il est vrai qu'elles n'atteignent directement qu'un nombre d'hommes restreint, mais elles descendent de là dans la vie des nations par les voies visibles et par les invisibles.

Quand Ravaisson écrivait son *Rapport sur la philosophie en France au XIXe siècle* (c'était en 1868), il croyait pouvoir dire : « A bien des signes, il est... permis de prévoir comme peu éloignée une époque philosophique dont le caractère général serait la prédominance de ce qu'on pourrait appeler un positivisme spiritualiste... Dans ce mouvement général par lequel la pensée tend à dominer encore une fois, et de plus haut que jamais, les doctrines du matérialisme, la moindre part ne sera point, peut-être, celle de la patrie de Descartes et de Pascal. Nos pères, dès les temps les plus reculés, crurent profon-

dément en l'immortalité, croyance qui a pour principe la
conscience de l'infini, du divin en nous. De là, disaient
les anciens, leur indomptable valeur. On leur donnait
cette louange de posséder à un degré suprême, avec le
courage, marque de la grandeur d'âme, qui consiste à
donner au besoin sa vie même, l'éloquence ou le don de
persuader. Et c'était, à leur avis, par l'éloquence qu'on
était encore le plus assuré de vaincre... Si le génie de la
France n'a pas changé, rien de plus naturel que d'y voir
triompher aisément de systèmes qui réduisent tout à des
éléments matériels et à un mécanisme aveugle la haute
doctrine qui enseigne que la matière n'est que le dernier
degré et comme l'ombre de l'existence ; que l'existence
véritable, dont toute autre n'est qu'une imparfaite ébauche, est celle de l'âme ; que, en réalité, être, c'est vivre,
et vivre, c'est penser et vouloir ; que rien ne se fait, en
dernière analyse, que par persuasion ; que le bien, que la
beauté, expliquent seuls l'univers et son auteur lui-
même ; que l'infini et l'absolu, dont la nature ne nous
présente que des limitations, consiste dans la liberté spirituelle ; que la liberté est ainsi le dernier mot des choses,
et que, sous les désordres et les antagonismes qui agitent
cette surface où se passent les phénomènes, au fond, dans
l'essentielle et éternelle vérité, tout est grâce, amour et
harmonie[1]. »

Si je crois que Ravaisson a bien défini le génie de ce
peuple et si je pense que ce génie est resté le même « sous
les désordres et les antagonismes qui agitent cette surface
où se passent les phénomènes », il faut convenir d'ailleurs
que notre peuple semble avoir accumulé les démentis aux

---

[1] *In fine.*

belles pages que le philosophe lui adressait comme un encouragement et un appel. Ce « positivisme spiritualiste » qui était annoncé, n'est pas venu et quelques-uns seulement en sentent vivement le manque. Est-ce l'effet du désastre qui bientôt nous accabla, la patrie de Descartes et de Pascal ne fit rien pour cette doctrine et subit au contraire presque toutes les autres.

Ce n'est pas la moindre erreur où on l'entraîna que de la faire manquer à la métaphysique plus encore que la métaphysique ne lui manqua. Des écrivains habiles lui donnèrent pour de la philosophie quelques vulgarisations sans force. Le malheur aurait dû la rendre circonspecte et sérieuse, il semble qu'il n'avait fait qu'affaiblir chez elle le ressort de la réflexion, puisqu'elle accepta ces publications comme de la haute pensée : elles avaient le prestige d'être d'inspiration étrangère. Taine avait depuis longtemps la préoccupation de rendre la philosophie amusante. Quelle piètre idée! Il n'est pas nécessaire que la philosophie soit ennuyeuse, il n'est pas nécessaire qu'elle soit amusante. Quand il fut dogmatique, on le crut considérable. Il nous amena ainsi le phénoménisme anglais gonflé d'un intellectualisme géométrique qu'il prit de Spinoza et de Hegel; et dans des ouvrages plus accessibles au grand nombre des lecteurs, il s'évertua à démontrer, tout à l'encontre du sentiment de Ravaisson, que l'âme n'a aucune existence véritable. Tout, en effet, se ramène, selon lui, à un mécanisme aveugle, à une agglomération d'éléments matériels; le bien et la beauté expliquent si peu l'univers qu'ils en sont au contraire des résultantes, comme des produits chimiques résultent de l'opération des soufflets et des cornues. On est Shakespeare ou on est Saint-Vincent-de-Paul comme on est un morceau de sucre ou un litre de vitriol. Il faut rappeler ces mots ressassés, parce qu'ils ne sont pas une boutade, mais l'expression d'un système. L'auteur de l'univers est un fantôme et il n'y a pas de liberté spirituelle. En même temps Renan se moquait bien de l'essentielle et éternelle vérité et s'il assurait ses lecteurs que la science, dont il se donnait pour un ouvrier, se fait et atteindra peut-être un jour le fond dont nous ne savons rien, à la surface il leur persuadait par son exemple que tout est peut-être grâce, mais à coup sûr contradiction et caricature.

La sphère de la philosophie proprement dite fut un peu dérobée aux yeux du public par ces décors. Là, du moins, tout se passa dans l'austérité d'un vrai labeur et cette condition suffit à empêcher que les effets aient été jusqu'ici très nocifs. Des tendances diverses, opposées même, se firent jour, au milieu desquelles la doctrine prévue par Ravaisson fut toutefois celle qui se fit le moins de place, gagna le moins pied et se fit regretter davantage. Il serait facile de citer nombre de philosophes qui, loin de dominer de plus haut que jamais les doctrines du matérialisme, en furent séduits au contraire quand il se présenta sous le masque arrogant d'hypothèses scientifiques qui n'ont rien à voir avec lui ; beaucoup d'autres, au lieu de voir l'existence véritable dans la pensée et la volonté, ont prétendu la trouver justement dans les ébauches les plus imparfaites de la vie de l'esprit, dans l'inconscience des plus obscures impulsions ; il n'y en a presque plus qui hasardent les noms d'infini, d'absolu, de divin, d'auteur de l'univers, et il faut à l'heure qu'il est le plus intrépide dédain des modes intellectuelles pour parler de l'immortalité de l'âme, comme un simple homme du peuple. Et je ne doute pas que les descendants actuels des Gaulois n'aient gardé en eux l'indomptable valeur, le courage, la grandeur d'âme, qu'ils ne fussent prêts à donner, au besoin, leur vie même; mais ils écoutent d'une oreille complaisante les doctrines qui, dans la vie politique d'un peuple, prétendent bassement tout réduire à des éléments matériels; et par une infidélité à leur génie, dont il est malheureusement trop aisé de recueillir dans l'histoire de leurs pères de nombreux exemples, ils se montrent aussi peu persuadés que possible de l'efficacité du don de persuasion et extrêmement peu confiants dans la vertu de la liberté.

Il ne faut tenir aucun compte de la défaveur des circonstances, quand on a quelque vérité utile à dire ou à rappeler. La réalité de notre âme individuelle et notre libre arbitre, la certitude de l'existence de Dieu, l'infirmité du matérialisme, voilà des vérités qui ne prétendent à aucune autre actualité, comme on dit, qu'à celle qui dure toujours. D'ailleurs il y a, assure-t-on, non seulement en France, mais en Europe, un besoin senti de retrouver, sous les systèmes et à travers les méthodes scientifiques, une doctrine de la personnalité[1]. Déjà Ravaisson, en 1840, voyait toutes les doctrines européennes converger vers la philosophie du moi fortement restaurée par Maine de Biran, et le maître ajoutait à l'intention des Français, avec une vivacité que sa haute gravité n'excluait pas : « Demeurer plus long-temps (sic) assujétis (sic) à la doctrine étrangère, ce serait véritablement, *inventa fruge, glandibus vesci*[2]. » En 1868, il espérait l'avènement d'un « positivisme spiritualiste ». Peut-être les jours qu'il escomptait trop tôt approchent-ils.

Quelques-uns, qui s'imaginent que nous souffrons d'un excès d'individualisme, s'indigneront sans doute que je

---

[1] V. Boutroux : *Revue internat. de l'enseignement*, 15 fév. 1904, p. 110.
[2] *Revue des Deux-Mondes,* 1840. Philosophie contemporaine, p. 423.

vienne rendre un prix infini à la personne humaine.
« Voilà, diront-ils, encore un de ces rêveurs et de ces
idéologues qui gâtent tout en exaltant le pauvre petit moi
de l'homme et en l'enivrant de son importance. Nos empiristes et nos positivistes faisaient bien mieux notre affaire
en nous montrant que l'homme ne vaut rien que par
l'hérédité, la tradition qui le détermine, les cadres où il
faut qu'il évolue. Voilà ce que ne voit pas un métaphysicien. » Vraiment, est-il si sot? Si la vérité devait déranger un cadre, il faudrait la dire tout de même. Mais ce que
ne voient pas nos disciples des empiristes, c'est que notre
mal ne vient pas du tout de l'individualisme, mais de
l'égoïsme, et que l'égoïsme est le produit légitime des doctrines sensualistes. La société n'a rien que de bon à
attendre d'un homme qui croit à une vie supra-sensible et
que ses croyances recommandent infiniment à lui-même.

Si au moins les jeunes gens comprenaient tout le sens
de ces paroles? C'est à eux surtout que je m'adresse,
les adjurant de réfléchir et de se hausser au-dessus des
influences déjà vieilles et nécessairement médiocres de
l'empirisme. C'est pour moi sans doute, mais c'est pour eux
que de ce monde mouvant, dans cet ouvrage comme dans
le précédent, je m'élève aux vérités perdurables sur lesquelles tout le reste gravite sans les ébranler. Toutefois,
s'il en est qui préfèrent d'avance être des choses plutôt que
des hommes, je les laisse tranquilles. Les autres, quand ils
auront saisi la réalité spirituelle du moi et, de là, celle de
Dieu, les diverses formes de l'empirisme et du matérialisme
ne leur paraîtront plus que des projections d'ombres sur la
terre, ils auront l'œil nettoyé pour la lumière et ils seront
préparés à en éprouver la beauté mystérieuse. Ils tres-
sailliront, sentant déjà presque en eux le pouvoir de vivre.

JE SUIS

Dès la première vue, on aperçoit dans la doctrine de Descartes deux ordres distincts, celui de la pensée et celui de l'étendue. On ne peut, dit ce philosophe, penser sans être. Et quand bien même on douterait de tout, au moment qu'on doute, on pense : on est donc. « Je pense, donc je suis ; *cogito, ergo sum.* » C'est une intuition si serrée que le génie le plus malin et le plus trompeur ne trouverait pas de jour à y insinuer l'erreur. La pensée comporte si intimement l'être qu'on ne saurait aucunement l'en séparer. C'est l'évidence même et le type de l'évidence. Par là nous sommes assurés d'être vraiment et il n'y a pas de puissance qui puisse se faire un jouet de nous, quand nous affirmons que nous sommes. Sur ce modèle de certitude et par la vertu de la véracité divine, nous savons que nous sommes libres, maîtres de nos actes, de nos passions et de notre corps, qu'une fonction de notre âme, que nous nommerons l'entendement, est faite pour connaître la vérité, comme notre volonté est propre à produire l'action ; nous savons même que nos sens nous avertissent par un rapport étrange, mais sincère, de la réalité d'un monde placé hors de nous. Le caractère commun des choses de ce monde-là est d'être étendues et de se modifier par des mouvements qui ont tous du rapport à l'étendue. En les considérant par ce rapport, comme l'étendue peut toujours ressortir à la mathématique, toutes ces choses se ramènent à la géométrie et, en tant qu'elles sont en mouvement, à la mécanique.

Il est clair que le mécanisme est, dans un tel système, un moyen de faire tomber la nature des choses sous la prise de la pensée ; que si je puis connaître le monde par une science vraie, c'est parce que je sais ce que c'est que penser ; que je le sais parce que je me pense, et que faute de cette intuition de ma personnalité par où je découvre ce que c'est que vérité, je ne saurais plus rien avec assurance et que tout s'en irait en fumée. Descartes croyait d'ailleurs que le mécanisme du corps n'était pas capable d'offusquer la liberté de l'âme. Il faisait siéger celle-ci dans la glande-pinéale suspendue au centre des deux lobes du cerveau et percée de trous, origines des canaux par où affluaient les esprits animaux en circulation dans le corps ; selon que la glande pinéale offrait aux esprits telle ou telle ouverture par où ils s'élançaient, il en résultait dans le corps les mouvements les plus différents. Il n'avait égard qu'à la quantité du mouvement. Pourvu que l'action de l'âme ne l'augmentât ni ne la diminuât, ses systèmes d'équations demeuraient saufs. Il ne prenait pas garde qu'une suite de mouvements est donnée pour un ensemble de mobiles régis par des forces déterminées, non seulement quant à sa quantité, mais aussi quant à sa direction. Il semble ne s'être jamais embarrassé de cette difficulté que les progrès de la physique rendirent bientôt plus sensible, et sans doute sa conviction que tout devait céder à la pensée et reconnaître la dignité du libre arbitre ne le disposait pas à discerner un obstacle sur l'infime seuil de la matière.

Dès qu'on se rendit attentif aux exigences de la mécanique réelle, le pouvoir de faire biaiser les esprits animaux fut contesté à l'âme ; et ce biais ôté, un hiatus s'ouvrit entre le corps régi par la mécanique et l'âme qui se régissait elle-même librement [1]. C'est dans cet hiatus que s'établit la philosophie de Malebranche, c'est par là que passa aussi celle de Spinoza pour découvrir un sommet de perspective d'où les deux ordres de la pensée et de l'étendue procédassent par une raison commune ; c'est dans cet hiatus encore que se soulevèrent, avec une inquiétude mystique, des pensées comme celles de Clauberg et de Geulincz.

Jamais, en effet, l'opposition du mécanisme et de la liberté n'avait

---

[1] V. Leibniz. *Monadologie*, **80**.

apparu dans un jour plus clair ; jamais ces deux antagonistes n'avaient pris une figure plus distincte : tel était l'indéniable effet de la philosophie d'un homme qui s'était proposé de porter la clarté et la distinction partout. Ce philosophe, qui établissait sa doctrine dans le fort de la pensée parfaitement consciente, venait presque inconsciemment de susciter un débat qui menace de n'être jamais fini, bien qu'il soit une affaire décisive. A qui resterait le dernier mot, au mécanisme ou bien à la réalité, je veux dire à la liberté de la personne ?

II

La fortune du mécanisme strictement matérialiste est facile à suivre : il aboutit à l'*Homme-machine*, à l'*Homme-plante* de La Mettrie[1] ; c'est la conséquence logique de l'animal-machine inventé par la géométrie cartésienne. L'homme prend son rang parmi les autres bêtes qui ont un corps et pas d'âme libre, ou plutôt pas d'âme du tout.

La fortune de l'âme libre discernée par Descartes, je dirai brièvement : du *cogito,* a suivi des routes beaucoup plus complexes, elle a, dans l'histoire de la philosophie, des retentissements prolongés et de nombreuses vicissitudes.

Sans examiner par le détail la philosophie anglaise antérieure à Hume et qui, du point de vue où nous sommes, peut être sommairement envisagée comme préparant la pensée de Hume, on doit remarquer tout de suite que le *cogito,* le Je-pense se dissout entièrement par l'analyse de ce philosophe ; il s'y évanouit en impressions. A la fin du *Traité sur l'entendement,* il n'y a plus d'âme, ni de volonté, ni d'entendement ; il n'y a rien non plus des données fixes où s'assurait l'entendement de Descartes, idées objectives, substances, principes ; il n'y a plus de vérité mathématique ; l'espace n'est rien, non plus que le temps ; la notion de cause, quelle qu'en soit d'ailleurs

---

[1] N'est-ce pas là que Beyle est allé prendre l'idée de sa « plante humaine » ? Personne aujourd'hui n'a cure d'un La Mettrie, mais au temps de Beyle, il était encore lu peut-être, ou du moins connu par réputation.

l'importance pratique, est, en droit, supprimée radicalement. Il ne demeure que le mécanisme des habitudes, mais le fond n'en saurait être assigné par nous ; il ne repose sur rien dont on puisse rendre raison, il nous apparaît comme fortuit. Sans doute, même dans une telle doctrine, il n'y a pas inertie absolue ; il n'est pas donné à l'esprit de l'homme, quelque abus qu'il veuille faire de la sophistique négative, d'imaginer un monde où il se passe quelque chose, une forme d'être si basse et si absurde qu'elle soit, qu'il n'y mette ou n'y dissimule encore quelque action. Ici la part inévitable, inéliminable d'action est reportée du côté des impressions ; chaque impression agit, ayant une espèce d'être. Mais il y a inertie en nous, d'autant que nous ne sommes rien.

Condillac, tout contemporain de Hume, a d'abord l'intention d'achever une œuvre analogue et d'analyser l'esprit de l'homme ; mais, par un étrange malentendu, il ne fait ou ne tente qu'une synthèse, supposant l'analyse déjà faite et accumulant, agglomérant sans cesse un élément qu'il suppose absolument premier, la sensation. Il s'en faut qu'il déploie dans sa laborieuse et toujours ruineuse construction une subtilité, une finesse, une perspicacité métaphysique comparables à celles de Hume. Toutefois, comme il semble que le génie français, même représenté comme il l'est ici par un esprit médiocre, ne puisse jamais être tout sensualiste, Condillac marque dans l'histoire de la philosophie sensualiste un changement d'orientation. La sensation reste bien chez lui un élément actif, comme chez Hume ; mais dès la première édition du *Traité des Sensations* (1754) on démêle qu'il laisse à sa statue quelque activité, quoique basse et confuse, sous la forme de réaction par rapport au plaisir et à la douleur, de contracture, nous dirions aujourd'hui : de réflexe[1]. Dans la seconde édition qui paraît d'ailleurs longtemps après sa mort, en 1798, il s'est corrigé, ou plutôt il a amélioré notablement cette partie de son système et il réintroduit bien plus expressément l'activité du sujet en recourant à la « force..... que nous sentons en nous [comme] un principe de nos actions[2] » et en accordant aux mouve-

---

[1] Édit. de 1754. Part. I, ch. IV.
[2] Part. I, ch. II, § 11, p. 63, *note*. La mort de Condillac est de 1780.

ments de la main qui se porte au toucher une initiative beaucoup
plus décidée[1].

III

Kant n'est pas si loin de Condillac qu'il semblerait, à ne considérer les doctrines que par leurs aspects extérieurs. Condillac montre
ce qu'il croit être les éléments premiers de l'esprit et, à mesure que
sa synthèse avance, on voit paraître les produits supérieurs de l'activité de l'esprit, bien que l'auteur s'imagine qu'il les obtient par la
seule agglutination des éléments. Kant est frappé d'abord par l'idée
de Hume que le moi empirique, celui que nous éprouvons par des
manifestations observables, n'est pas un moi substantiel qui soit ou
qui puisse être intuitivement connu. Il invente donc de remonter
de l'expérience au moi inconnu qui la conditionne et, de degré en
degré, il détermine les facultés ascendantes auxquelles doivent être
rapportés les phénomènes mentaux[2]. La sensation a pour condition
une sensibilité active[3] avec ses formes, l'image a pour condition une
imagination active avec ses schèmes. le jugement a pour condition un
entendement actif avec ses catégories, l'idée a pour condition une raison active avec ses règles. Ainsi nous ne nous connaissons pas person-
nellement comme un moi–substance, mais nous pouvons bâtir par
réflexion le sujet actif.

Actif de quelle activité? mécanique, car nous ne saisissons direc-

---

[1] Part. II, ch. v-vii. Ravaisson voit là un changement de front complet, il n'y a
qu'un progrès. V. *Philosophie contemporaine* : Revue des Deux-Mondes, 1840,
p. 413, et *Rapport I.*

[2] Il évite de dire de ces facultés qu'elles sont les causes des phénomènes, parce
que la causalité sera elle-même une conséquence de ces facultés. D'autre part, en
parlant d'une cause par rapport à un effet, on semble énoncer d'avance ce qui
contient tout l'effet ; or, selon Kant, nos facultés ne contiennent nullement tout ce
qu'il faut pour que le phénomène se produise ; une autre donnée est nécessaire.
Voilà pourquoi il se sert pour les caractériser de l'idée de condition.

[3] Kant la nomme passive parce qu'elle seule reçoit encore brute la matière de
l'expérience ; elle n'en est pas moins active par ses formes. V. *De mundi sensibilis
atque intelligibilis forma et principiis*, Pars. II[a].

tement aucune cause réelle, pas même nous comme cause, et ainsi le sujet qui vient d'être décrit ne doit pas être pris comme une cause qui, à ce titre de cause, relèverait d'elle-même, serait libre, aurait une réalité concrète et personnelle. Loin de là, la fonction de ce sujet est toute de liaison et il n'est agencé que pour produire la détermination ; c'est une machine qui projette un monde entièrement combiné et ce serait la comprendre à rebours que de lui demander quelque moi indépendant et substantiel, fût-ce son propre moi ; ce serait la solliciter à l'absurde.

Ainsi Condillac, quand il faisait ses naïves synthèses et additionnait patiemment les sensations en images, les images en jugements, il ne faisait qu'examiner les produits des facultés du moi kantien. Kant nous montre la mécanique munie d'organes d'où sortent ces produits. Ce n'est ni un être, ni une propriété d'un être, c'est la fonction elle-même, toute pure, un *nescio.quid,* d'où, la matière y entrant, il sort par l'autre bout toute la nature et parmi, dans la multitude des autres choses, notre moi empirique lui-même. Quant à cette fonction, quant à ce moi pur, il est impersonnel, comme ses facultés sont universelles. Tel est le moi, le Je-pense, le *cogito* de Kant. Il produit la physique de Newton, comme il est prêt à produire toute la mécanique du monde entier, à mesure que la science avancera, qu'il verra plus clair dans ses productions. Il produit tout ce que Descartes demandait à l'étendue, tout ce que la science revendique comme tombant sous les prises du mécanisme et de la détermination et il est comme l'algorithme, la formule même de ce mécanisme. C'est la machine à penser. Il n'a rien à voir avec un moi concret et libre et ne saurait le donner à Kant, qui le demandera ailleurs.

En somme :

1° Le moi ou *cogito* kantien ne se connaît pas directement, intuitivement lui-même ; sans matière à ordonner, sans chose qui devienne objet, il est inconscient ;

2° Il se connaît par réflexion dans la prise qu'il exerce sur la matière à ordonner ; et il ne se connaît pas par une réflexion spéculative où il se saisirait comme un individu, une personne libre, il se connaît par une réflexion déductive comme machine universelle à penser.

IV

Continuons de suivre la fortune du *cogito* chez les successeurs de Kant.

Voici un premier point où ils sont fidèles à la pensée de leur maître. Le *cogito*, le moi, le *Ich* n'est plus du tout individuel et personnel ; il demeure chez eux nettement impersonnel. Tout d'abord, il garde le nom de Moi (ou de Je-pense) par survivance de l'expression de Descartes et de la langue de Kant, bien qu'il ne soit que la pensée spéculative. Mais cette fiction de langage, qui semble dénoter une sorte d'anthropomorphisme subjectiviste, ne se maintient guère au delà de Fichte. Déjà chez Schelling, le principe premier qui se substitue au Je-pense universel pour en assumer le rôle, prend le nom d'absolu ; chez Hegel, il s'identifie avec l'être logique ; enfin chez Schopenhauer, plus psychologue et psychologue plus pénétrant que ses confrères, il trouve son vrai nom : l'Inconscient. C'est une sorte de dieu obscur qui ne se connaît lui-même qu'après s'être réfracté dans la série de ses lamentables avatars ; c'est bien l'antipode du Dieu immédiatement tout voulant et tout connaissant de Descartes.

Voici un second point où les successeurs de Kant sont infidèles à la doctrine de Kant. Aucun d'eux ne veut plus de cette inconnue dont Kant estimait la présence nécessaire pour que la machine pensante se mît à fonctionner. A quoi bon la garder, puisque nous n'en savions rien et n'en pouvions rien dire, pas même la subsumer sous le concept positif d'existence ? N'est-ce pas faire qu'elle soit équivalente à un pur néant ? Autant s'en défaire, s'en débarrasser. Et tous vont faire sortir la série universelle des faits du principe premier, sans recourir à l'aide de cette Isis voilée. Mais comme tous demeurent persuadés que la raison spéculative, l'universel Je-pense, le moi primordial ne peut se connaître qu'en se réfléchissant sur quelque chose, il faut bien remplacer l'inconnue de Kant pour avoir l'obstacle d'où le rayon reviendra sur lui-même. Ainsi chez Fichte le moi s'oppose le non-moi, après quoi intervient la synthèse qui fonde la science théorique et pratique ; Schelling croit nécessaire d'aller chercher dans l'absolu la source commune du moi et du non-moi, mais cet absolu est inconscient avant de s'être réfracté dans ses hypostases ; pour Hegel enfin l'opposition de l'être et du non-être ne commence à produire quelque chose et à prendre un sens qu'au moment où ils s'impliquent l'un l'autre dans le devenir.

De ces deux points sort une conséquence. Il ne s'agit plus pour ces philosophes d'un projet solide et mesuré, comme de justifier le système de Newton et les résultats de la science positive, ce qui avait été le dessein de leur maître. Persuadés en dépit de lui qu'il y a une métaphysique ou, pour mieux parler, une ontologie à la fois transcendante et sûre, une connaissance spéculative de la chose en soi et une dialectique de la réalité absolue, ils le prennent de haut avec l'expérience. Quand ils ont posé en principe leur triade, le monde doit en résulter par une nécessité intérieure. Avec quoi rempliraient-ils pourtant le cadre logique qu'ils ont d'abord tracé, sinon avec la matière que le monde leur offre ? Ils sont donc amenés à interpréter toute cette matière, et assurément c'est bien là à certains égards la tâche du philosophe ; mais comme leur cadre logique était creux, n'étant au fond que l'inconscient, l'indétermination pure. la nullité de la pensée, l'identité de tout, c'est-à-dire au fond : rien, ils élèvent par d'étranges efforts d'imagination toute la matière empirique au niveau de l'absolu. Ainsi, d'une part, ils affectent une attitude arrogante vis-à-vis de l'expérience ; et, d'autre part, ils en sont esclaves. De là le caractère indécis et arbitraire de leurs systèmes, indécis quant à la méthode, arbitraire quant aux déductions, et qui en a causé la ruine; quelque génie poétique que chacun d'eux ait déployé dans sa sphère, pour l'admiration d'une génération d'hommes séduits, entraînés, enfin désabusés. Dans toutes ces doctrines, l'individualité personnelle de l'homme n'apparaît, plus ou moins nettement, que comme un moment de la série déduite et la justification, quelle qu'elle soit, de la personnalité participe inévitablement du caractère caduc du système.

V

L'homme qui a développé le plus normalement et le plus fortement en France les germes du kantisme est sans conteste M. Jules Lachelier.

Dès 1871, on voit ce philosophe préoccupé de vaincre l'empirisme de Stuart Mill, comme son maître Kant avait voulu surmonter l'empirisme de Hume; et M. Lachelier attaque l'empirisme de Stuart Mill précisément à l'aide de la doctrine où Kant pensa absorber et régulariser celle de Hume. Choisissant sa position de combat dans une théorie de l'induction, il soutint que celle-ci ne peut se fonder objectivement sur la production indéfinie de couples ou de séries de phénomènes semblables : elle resterait à la merci du premier changement qui pourrait survenir dans l'ordre des phénomènes. Se tournera-t-on du côté du sujet ? Admettra-t-on qu'à l'occasion des couples de phénomènes qui s'accompagnent dans la nature et dont il est affecté, il se produit en lui, par une sorte de virtualité interne, ce que l'école empiriste appelle une inférence, c'est-à-dire un jugement préventif selon lequel le sujet dans un cas semblable attendra une suite semblable ? On n'aura rien gagné, car l'inférence risquera toujours d'être contredite et détruite par un dérangement inattendu de la suite jusqu'alors habituelle des phénomènes. Or l'esprit affirme que A étant donné, B suivra toujours, et non quelque autre phénomène inconnu et imprévu. Il suffit que le couple AB ait été donné une fois, une seule fois, pour que nous soyons en droit de dire que A sera toujours suivi de B, c'est-à-dire, pour parler la langue vulgaire, que les mêmes causes auront toujours et nécessairement les mêmes effets [1].

Or rien de plus légitime que cette affirmation, pourvu qu'on regarde l'esprit comme le législateur de la nature. La matière de la connaissance n'est en soi ni connaissable ni intelligible et il n'y a connaissance et intelligence qu'autant que l'esprit a des moules où fabriquer les choses. L'un d'eux, pense l'auteur, est la loi universelle des causes efficientes en vertu de laquelle chaque moment des phénomènes dépend nécessairement du moment antérieur et amène nécessairement le moment suivant, en sorte que l'ensemble des phénomènes de la nature, toujours représentés par des mouvements, soit assujetti à un mécanisme inviolable. Toutefois le seul mouvement mécanique dispersé dans l'étendue et indéfini dans le temps, n'offre rien à l'esprit où il puisse s'arrêter ; c'est moins que la poussière infinitésimale d'un monde fuyant dans toutes les directions de la pensée. Aussi l'esprit a-t-il un autre moule où ramasser le monde et c'est la loi des causes finales, qui exige que tout fasse système et conspire dans un

---

[1] *Du fondement de l'induction.* Paris, 1871, I, p. 10.

même ensemble. L'idée de l'ensemble est donc impérieusement posée par l'esprit au-dessus de l'idée et même avant l'idée du mécanisme, puisque le mouvement mécanique n'a pour l'esprit d'autre fin que de réaliser l'ensemble, dans la vue duquel la pensée s'arrête, se repose et se satisfait.

Par cette doctrine, toute kantienne, puisqu'elle fait dépendre et le mécanisme et la finalité de la faculté de penser, l'induction scientifique est-elle fondée et assurée aussi solidement que le voudrait l'auteur ? Peut-être, si on regarde du côté des causes efficientes : quand il y aura un ensemble de mouvements A immédiatement suivi du moment B, si on admet que tous les éléments de ce mouvement se reproduisent quelque autre fois entièrement et pour ainsi dire de part en part identiques, et si on admet aussi qu'aucune cause extérieure n'en vienne modifier ni la direction ni la vitesse, on peut lui concéder que B suivra. concession qu'on n'a aucune raison de ne pas faire et qui d'ailleurs n'avance à rien ; car il faut se tourner du côté de la loi des causes finales et lui demander si elle exige que l'ensemble A soit jamais exactement reproduit. Or elle n'a nul besoin de cela, puisque l'esprit, en tant qu'il est finaliste, se repose tout aussi bien dans un ensemble la première fois que la millième fois. Il se pourrait donc que l'esprit se satisfît tout aussi bien en exigeant du mécanisme qu'ayant produit une fois l'ensemble A, il n'y revînt jamais ; que l'esprit demandât au contraire au mécanisme de lui fournir perpétuellement des ensembles nouveaux, ce qui paraîtrait avoir plus d'intérêt qu'un perpétuel retour sur les mêmes traces et ne ressemblerait même pas mal par certains côtés à l'art apparent de la nature. Dans ce cas, nos inductions, qu'on voulait donner comme rigoureuses, ne seraient que des *directives* qu'il plairait à l'esprit de se proposer, avec la ferme « volonté[1] » de ne jamais les suivre exactement. Stuart Mill admettait que nos habitudes d'esprit ou nos inférences pourraient être modifiées insensiblement, progressivement ou brusquement par de nouvelles liaisons de phénomènes. La doctrine de M. Lachelier ne comporte sans doute pas que le phénomène ou ensemble A soit jamais suivi d'autre chose que de B, mais elle comporte très bien que A ne réapparaisse jamais. non plus que B et qu'ainsi l'art de la nature se

[1] VI, p. 88.

porte continuellement à de nouvelles inventions au regard desquelles toute induction une fois donnée manquera de la dernière précision.

Ces conséquences, dont la doctrine est grosse, se sont fait jour dans le travail même de l'auteur. « Il nous est, dit-il, impossible de décider si le produit d'une génération donnée ne sera pas un monstre, ou si les espèces qui existent aujourd'hui ne donneront pas naissance, par une transformation insensible, à des espèces entièrement différentes. La nature est tout à la fois une science, qui ne se lasse pas de déduire les effets des causes, et un art, qui s'essaie sans cesse à des inventions nouvelles ; et s'il nous est donné, dans quelques cas, de suivre par le calcul la marche uniforme de la science qui travaille au plus profond des choses, l'induction proprement dite consiste plutôt à deviner, par une sorte d'instinct, les procédés variables de l'art qui se joue à la surface [1]. » Une espèce d'instinct qui devine des procédés variables est-elle une « induction proprement dite » ? Est-elle l'induction législatrice qu'on nous annonçait, qu'on promettait à la science comme un fondement inébranlable, qu'on opposait fièrement à l'empirisme ? Est-elle autre chose qu'une vague inférence sujette à de perpétuels démentis des faits ?

Il reste les cas où nous pouvons « suivre par le calcul la marche uniforme de la science qui travaille au plus profond des choses », les cas où il y a donc induction véritable ; et ces cas sont apparemment ceux qui ont trait à la matière dite inorganique : chimie, physique et mécanique. Mais qui nous assure que la nature n'est pas en train de modifier insensiblement toutes les espèces chimiques, comme peut-être elle travaille à donner naissance, par une transformation insensible, à des espèces (vivantes) entièrement différentes de celles que nous voyons ? Car l'ensemble harmonique de mouvements qui réalise l'espèce *or* ne relève pas moins de la finalité que l'ensemble harmonique de mouvements qui réalise l'espèce *lion*, et si l'esprit finaliste peut, sans le savoir d'ailleurs, transformer l'espèce *lion*, pourquoi ne transformerait-il pas aussi bien l'espèce *or* ? Et qui oserait affirmer que si les espèces chimiques étaient toutes transformées par un travail qui intéresse le fond et le fond « le plus profond » des choses, les lois de la physique n'en seraient pas changées ? Elles le

---

[1] VI, pp. 81-82.

seraient sans doute. Qui oserait même affirmer que, le fond le plus
profond des choses étant transformé, cette loi subsisterait où on
s'estime le plus sûr d'exprimer la marche uniforme de la savante
nature « par le calcul », la loi de gravitation ? Il pourrait bien plaire
à l'esprit finaliste d'abroger même celle-là implicitement, en se
jouant dans une création nouvelle. Il est vrai que, dans le système
de l'auteur, il y a une loi que l'esprit législateur n'abolira jamais,
c'est celle du mécanisme ; mais comme le mécanisme n'assure à la
pensée qu'une existence abstraite équivalente pour elle à un état
d'évanouissement et de mort[1], c'est comme si, en dernier ressort et
comme refuge à jamais certain, on lui assurait le néant.

Aussi l'auteur recule-t-il devant cette conséquence nihiliste de son
système. « Une telle hypothèse nous paraît monstrueuse et nous
sommes persuadés que, lors même que telle ou telle loi particulière
viendrait à se démentir, il subsisterait toujours une certaine harmonie
entre les éléments de l'univers : mais d'où le saurions-nous, si nous
n'admettions pas *a priori* que cette harmonie est, en quelque sorte,
l'intérêt suprême de la nature[2]... Nous croyons, comme dit Kant,
qu'il y aura toujours dans le monde une hiérarchie de genres et d'espèces que nous pourrons saisir[3] », par suite des individus. Cet acte
de croyance est bon, mais l'office du philosophe n'est pas de croire
ou d'admettre *a priori*, cela ne saurait nous satisfaire. Il s'agit de
savoir si le système comporte réellement des principes de multiple
individuation, et malgré l'apparence, il n'en comporte pas. Je vois
bien que tout au cours du travail, on nous parle d'une hiérarchie des
fins, d'unité téléologique de chaque être[4] selon des principes d'harmonie, de système, d'ordre, de convenance, d'esthétique, d'ano-
logie, de beauté[5], tout cela constituant des éléments qui semblent
venir de la philosophie de Leibniz plutôt que d'aucune autre
source : mais ces individus, ces êtres, ces espèces, ces genres, où
apparaissent ces principes, sont dans la doctrine de l'auteur

---

[1] VI, p. 88.
[2] *Ibid.*, p 80.
[3] *Ibid.*, p. 81.
[4] *Ibid.*, p. 91.
[5] *Ibid.*, pp. 89-92.

entièrement adventices. Car au cœur de cette doctrine, il n'y a
que la faculté de penser, l'esprit universel, le *cogito* kantien ; et la
faculté de penser n'a pas d'autre « intérêt » que de se connaître elle-
même. Or pourquoi cette unique et identique faculté se disperserait-
elle dans une multitude d'individus ou êtres tous différents les uns des
autres par leur unité téléologique, par leur « noumène[1] » et même par
leur espèce propre ? Un seul être ferait bien mieux l'affaire. Cette
conception est bien plus rigoureuse et elle n'a même rien d'irrepré-
sentable : le premier ciel d'Aristote, avec sa marche uniforme et
éternelle, est un être où tous les mouvements concourent harmonique-
ment vers une même fin, cette fin est parfaitement symétrique à elle-
même dans toutes les parties de l'organisme sphérique qui la réalise,
et cet être imite ainsi le mieux du monde Dieu, la pensée qui se
pense. Que la matière kantienne, que la matière indéterminée de
l'expérience entre dans une telle unité téléologique, dans un être unique qui se plie lui-même à tout instant pour réaliser un système, la
faculté de penser y trouvera une admirable satisfaction à ses deux
lois : la loi du mécanisme, puisque chaque moment du mouvement
dépendra toujours exactement du moment précédent, la loi de finalité,
puisque le système sera absolument un système. Cet individu suffit,
et il suffit pleinement. La faculté de penser s'y connaît parfaitement
bien avec ses deux formes, et elle s'y connaît même infiniment
mieux que dans tant d'êtres prodigieusement différents et hiérarchi-
quement moindres de l'un à l'autre, où se diversifie, se dénature de
mille façons et de plus en plus, semble-t-il, s'abolit la conscience de
la pensée et de ses formes.

Quelle raison y a-t-il donc dans cette doctrine de supposer une
multitude indéfinie d'êtres, sinon qu'en fait nous voyons bien qu'il y
en a une multitude ? Si on nous dit que l'unité totale du système se
réfracte « dans une multitude de systèmes distincts », d'individus,
de pensées individuelles, de « substances indépendantes[2] », c'est
qu'ici encore on écoute les leçons de Leibniz, on veut avec lui que la
finalité organise la nature jusque dans ses dernières parties indéfiniment ; mais cela est la doctrine de Leibniz et nullement concordant

[1] VI, p. 91.
[2] *Ibid.*, pp. 90-91.

à celle-ci, puisque celle-ci est satisfaite par un seul individu où il vaut mieux, pour la clarté de la conscience, que chaque partie numériquement distincte dans l'espace et identique dans le temps n'ait rapport qu'à l'unité téléologique d'un tout. Cette doctrine ne contient donc, à vrai dire, de principe d'individuation que pour un seul individu ; il n'y a en elle aucune nécessité, ni même aucune convenance qui fasse ni logique ni acceptable l'existence d'une multiplicité d'individus qualitativement différents. Là où la faculté de penser n'a d'autre intérêt que de se connaître pensante, il est absurde que la finalité se réfracte dans une multitude d'êtres où la faculté de penser n'est pas pensée. D'où viendrait donc dans cette philosophie la raison de la multiple individuation des êtres, si incontestablement affirmée par la nature? La faculté de penser ne peut la fournir ; et, après tout, elle-même n'est pas un être, elle n'est qu'une forme sans réalité substantielle, elle est l'exigence intellectuelle d'un être, à condition qu'il existe ; elle est donc attachée à l'être sans être elle-même, sans exister *a parte rei* (χωρίς) et n'ayant pas d'existence propre, elle n'en peut donner. D'autre part le système est si loin de pouvoir demander l'individuation au mécanisme que celui-ci, par sa stricte et universelle continuité, s'opposerait bien plutôt à la réalité de toute substance ou unité indépendante. De ce côté encore, tout logiquement est ensemble et tout indéfiniment est un. L'auteur ne manque pas d'énoncer avec force qu'à regar 'er les choses du côté d'ailleurs tout abstrait du mécanisme, il ne peut être question de, phénomènes formant comme des mondes contingents et à part[1], ni de liberté ou libre arbitre[2], ni de moi ou âme au sens moral du mot[3]. Pour garder les notions du moi et de l'âme à titre supra-sensible et, dirait-on ici, supra-logique, pour passer jusqu'à Dieu, il faut, à l'exemple de Kant, faire un acte de foi et recourir à la religion. ce qui fait, avec l'influence de Leibniz, un nouvel apport dans le système et que l'auteur se défend d'ailleurs d'y intégrer[4].

---

[1] IV, pp. 51-54.
[2] V, pp. 71-76.
[3] VII. pp. 106-112.
[4] *Ibid.*

VI

Quand un esprit est ainsi tout possédé par la dialectique kantienne, il se trouve engagé sur une pente et il est exposé à une tentation.

La pente est de passer du criticisme à la métaphysique ontologique, en faisant de la faculté de penser, du *cogito* kantien, du Je-pense universel un être absolu. On a vu tout à l'heure avec quelle peine M. Lachelier, et moi-même en l'interprétant, nous nous gardions d'attribuer à cette machine formelle une existence réelle, d'en faire la cause des choses, d'autant que si les choses présentent le spectacle que nous voyons, il n'y en a pas pour nous, selon la doctrine, d'autre raison que ce Je-pense.

La tentation est de trouver le principe d'individuation, qui manque, par l'artifice de quelque déduction dont la source sera dans la seule source logique dont on dispose, dans ce Je-pense. On se donnera la tâche de prouver le moi réel et individuel par le Je-pense logique et impersonnel.

Tous les successeurs notables de Kant ont cédé à la pente et obéi à la tentation. M. Lachelier n'a échappé ni à l'une ni à l'autre.

En effet, dans un célèbre article qu'il donna en mai 1885 à la *Revue philosophique* (quatorze ans après la thèse sur le Fondement de l'induction), il reprend expressément à son compte la croyance de Cousin que « notre volonté est libre », qu'elle « est identique à elle-même », que « par la conscience que nous avons de son identité pendant toute la durée de notre vie, elle devient... le centre fixe, le sujet durable auquel nous rapportons, à un titre ou à un autre, tous les modes de notre existence intérieure », que par là, « dans l'absolu et aux yeux de Dieu, nous sommes une substance, semblable aux autres substances de la nature : pour nous-mêmes et aux yeux de la conscience, nous sommes un sujet actif et libre, une personne, un moi[1] ».

[1] I, p. 484.

Et d'autre part on verra si le Je-pense, par lequel M. Lachelier va essayer de prouver le moi et d'où il va tenter de le déduire, ne prend pas dans son travail la figure d'une chose en soi.

Mais comme il importe au plus haut point qu'en exposant ce travail, j'évite, autant qu'il dépendra de moi, que la pensée de M. Lachelier soit confondue avec la mienne et adultérée par mes explications, je ferai mes observations en note ou après un avertissement exprès, en usant de caractères spéciaux, je mettrai même entre crochets les quelques mots par lesquels je pourrai parfois espérer de rendre plus facile à saisir la doctrine de l'auteur ; pour le reste, on saura que je m'efforce de la présenter le plus correctement qu'il est en mon pouvoir, avec la dernière loyauté, en même temps sous ma responsabilité, à mes risques et périls.

VII

Le point de départ de l'exposition doctrinale de M. Lachelier est un redoublement de l'affirmation de la conscience, dont la notion est, selon lui, compromise par la méthode de Cousin et dissoute par la psychologie nouvelle. A quoi bon cette sorte d'épiphénomène et d'où pourrait bien venir « ce sujet qui apparaît ainsi à lui-même au sein d'un monde » qui serait « purement objectif[1] » ?

Ce monde objectif, on le suppose extérieur, car « nous percevons, dit-on, les objets extérieurs comme quelque chose qui existe déjà hors de nous, et nous sentons très clairement qu'en les percevant, nous ne les produisons pas[2] ». Si on fait observer aux empiristes[3] que les phénomènes perçus, odeur, son, couleur [autant dire les objets extérieurs] pourraient bien, dès avant la perception que nous en prenons, avant « la perception réfléchie par laquelle nous essayons de nous [en] rendre compte,... avant toute réflexion,... n'être que notre propre sensation d'odeur, de son, de couleur », ils se rejettent sur l'étendue, qui « n'est pas en nous, car nous ne nous sentons pas

---

[1] III, p. 493.
[2] *Ibid.*
[3] Notons que Cousin est donné comme empiriste quant à la méthode. *Ibid.*, en haut.

en elle [1] : nous la percevons, au contraire, comme une sorte de négation de nous-mêmes, comme une existence étrangère et qui limite la
nôtre [2] ». Mais la question est de savoir si cette existence, si l'étendue
« est hors de nous par elle-même » ou si c'est nous qui l'y mettons [3], question à laquelle l'expérience ne peut répondre, car pour
avoir la preuve que l'étendue est en soi, en dehors de notre perception, il nous faudrait être justement là où nous ne sommes pas par
notre perception. Donc c'est au raisonnement à décider.

Or le raisonnement prouve que l'étendue n'existe pas en elle-
même : elle n'a point de parties simples [ἀνάγκη οὐ στῆναι], pas d'éléments, pas de réalité. Elle n'existe donc que dans la conscience,
comme continuité [4], et du même coup voilà la conscience certaine, puisque la perception de l'étendue est une fonction de la
conscience.

Mais il n'y a perception de l'étendue que si nous en distinguons
une partie d'une autre ; des lignes, des figures sont donc nécessaires
à cette perception ; en dépit de Descartes, les parties de l'étendue ne
peuvent se distinguer par leur mouvement, n'étant que des places,

---

[1] Un adepte naïf de Cousin répondrait peut-être qu'il se croit en elle, qu'il en
occupe une partie par son corps. Le langage qu'il tiendrait spontanément serait
plutôt celui-ci : « L'étendue n'est pas en nous, car nous nous sentons en elle. »
Mais M. Lachelier veut dire que ce n'est pas dans l'étendue objective que se produit
notre sensation de nous-mêmes, que c'est en nous, dans l'âme.

[2] Les adeptes de Cousin et de la « nouvelle psychologie » (II, p. 485) croient
également que nos sensations s'appuient sur un monde extérieur à la conscience
(v. II, p. 492, III, p. 493). Mais la nouvelle psychologie n'a aucune prétention de
connaître ce monde, aussi se passe-t-elle à merveille de la réalité de l'espace, elle
ne se rejette pas du tout sur l'étendue objective ; ceci ne porte donc pas contre
elle, qui se tient simplement à l'étude de l'ordre positif des sensations. Les adeptes
de Cousin ne nient pas non plus, autant que je sache, que ma sensation d'odeur, de
son, de couleur, ne soit *ma* sensation ; ils croient seulement que cette sensation
correspond à des changements produits dans une étendue objective. Le débat de
M. Lachelier n'est donc ici qu'avec Cousin et c'est sans doute ce que veut M. Lachelier. Il en excepte provisoirement les nouveaux psychologues, il se sert même de
leur doctrine contre Cousin, il utilise un des adversaires qu'il s'est donnés contre
l'autre, mais ne nous en avertit pas. On est donc exposé à croire qu'il attaque les
deux, tandis que l'un d'eux est ménagé, ou du moins n'est pas atteint. Il y en a
des raisons.

[3] III, pp. 493-494.

[4] *Ibid.*, pp. 494-495.

2

et ce mouvement serait imperceptible, puisqu'elles sont semblables [1]. Ce qui fait passer l'étendue de la puissance à l'acte, c'est la sensation qui à la fois s'en distingue, la divise et la détermine.

A l'examen, la sensation se dédouble en :

1° Qualité sensible ou objet ;

2° Affection localisée dans notre corps et qui est le côté du sujet, l'élément où le sujet est donné à lui-même. Les choses sensibles ne nous paraissent *hors* de nous que par opposition à nos affections organiques [2].

Mais derrière l'affection (plaisir et douleur), comme raison de « notre effort pour nous approcher de ce qui nous plaît et nous éloigner de ce qui nous blesse », il faut bien placer une tendance, et la conscience d'une tendance qui produise l'affection et se réfléchisse en elle [3]. La tendance est saisie à l'œuvre dans le mouvement continu qui va du malaise à la souffrance et à la jouissance. Enfin nous sentons confusément... que nos diverses tendances ne sont que différentes formes d'une tendance unique que l'on a justement nommée la volonté de vivre.

Donc la volonté est avant la sensation ; elle n'est pas une donnée de la conscience, mais une condition de toute donnée de la conscience, et si nous ne nous voyons pas vouloir, c'est que la volonté est en quelque façon la conscience elle-même, c'est que notre vouloir est nous-mêmes [4].

Ces bases étant posées et la volonté étant mise ainsi comme à la racine de tout être, on peut remarquer que :

1° L'homme a pour objet l'univers indéfiniment étendu dont il s'instruit ;

2° L'animal a pour objet un monde limité de sensations qui l'affecte et met en jeu ses appétits ;

3° Le végétal n'a qu'un monde d'affections obscures avec des tendances, sans rien d'extérieur à lui ;

4° Le minéral est la volonté fixe d'un état fixe où l'on n'ose plus parler d'affection ;

---

[1] III, p. 496.
[2] *Ibid.*, pp. 497-498.
[3] *Ibid.*, pp. 498-499.
[4] *Ibid*, p. 499.

Ou bien, en reprenant la série en sens inverse :

A. La volonté est le principe et le fond de tout ce qui est (même du minéral) et se développe en :

B. Tendance et affection (végétal) ;

C. Tendance, affection et sensation (animal) ;

D. Tendance, affection, sensation, perception, étendue (homme)[1].

Les lois du monde extérieur ne règlent que l'ordre de nos perceptions et par là l'ordre même de nos phénomènes de conscience, mais elles n'expliquent pas l'influence de nos perceptions sur notre volonté radicale et encore moins l'influence inverse de cette volonté sur nos sentiments et nos perceptions[2].

D'autre part, « il nous est difficile de nous reconnaître dans une volonté dont nous avons à peine conscience et qui déborde peut-être même notre existence individuelle. Ce n'est donc pas la volonté, considérée en elle-même, qui est pour nous le *moi* ; c'est la volonté, en tant qu'elle se réfléchit dans cet état affectif fondamental dont la forme, propre à chacun de nous, exprime notre tempérament et constitue notre caractère[3] ». Cette volonté est libre, car antérieure à la perception et aux lois qui la régissent, antérieure à la sensation même, « il est de son essence de se vouloir elle-même et d'être cause d'elle-même ». Sans doute, toutes nos volontés, nos affections particulières dépendent, en dernière analyse, du mécanisme de la nature ; mais ce mécanisme, à son tour, sert notre volonté radicale en concourant avec elle dans le mouvement volontaire et en entretenant dans la nature un ordre qui nous est, en général, favorable.

Cependant cet ordre mécanique de la nature combat souvent nos tendances, les égare et nous asservit. Notre volonté même n'est pas ce qu'elle devrait et ce qu'au fond elle voudrait être. A partir d'elle et elle incluse, nous n'avons donc décrit jusqu'ici sous le nom de conscience qu'une puissance aveugle qui n'est pas un esprit et dont la spontanéité n'a rien de commun avec la liberté morale. Nous ne sommes pas sortis du naturalisme[4].

---

[1] III, pp. 499-500.
[2] *Ibid.*, p. 501.
[3] *Ibid.*
[4] *Ibid.*, pp. 502-503.

Mais nous avons reconnu le contenu de notre conscience et nous avons pris ainsi conscience de notre conscience. C'est là une conscience intellectuelle qu'il faut à son tour soumettre à l'analyse. Cette conscience est distincte de la conscience sensible ; « la conscience d'une douleur n'est pas douloureuse, mais vraie », vraie du présent au passé et à l'avenir et d'un esprit à l'autre [1]. Comment donc nos sensations, nos affections deviennent-elles objets de connaissance ? C'est d'abord par leur association avec nos perceptions, c'est-à-dire en se rattachant aux circonstances de temps et de lieu, aux images d'accidents externes, de troubles organiques [en se localisant]; la perception même, sans mélange de pensée, sorte de tableau flottant, de groupe à demi indécis, de rêve, telle qu'elle se présente sans doute chez l'animal et exemplairement chez nous dans certains états d'extrême distraction, est aussi momentanée et individuelle qu'un plaisir ou une douleur. C'est la pensée qui en fait une réalité vraie, qui a toujours été vraie à titre de fait futur, qui le sera toujours à titre de fait passé, en ce sens que, dès qu'il est pensé, « le groupe entier des qualités sensibles nous semble sortir de notre conscience pour se fixer dans une étendue extérieure à elle [2] ». La pensée est donc distincte et de la perception, et de la sensation, et de la volonté, et il y a en nous une conscience intellectuelle qui imprime au contenu de la conscience sensible « le sceau de l'objectivité [3] » ; cette seconde conscience communique avec la première par la perception et « en nous représentant l'étendue [où vient se situer la perception] ... nous sortons de nous-mêmes pour entrer dans l'absolu de la pensée [4] ».

Par là se trouve justifiée la croyance commune à la réalité du monde extérieur comme présente, passée et future [5]. Le monde sen-

---

[1] IV, p. 504.

[2] *Ibid.*

[3] Textuellement : « imprime à ce contenu le sceau de l'objectivité » (p. 505). J'ai reproduit cette tournure dans mon analyse pour ne pas risquer d'être inexact, mais je n'en prends pas la responsabilité.

[4] IV, p. 505.

[5] M. Lachelier, comme la plupart des bons philosophes, est soucieux de justifier le sens commun. Cf. *Du fondement de l'induction*. III, p. 34. V, pp. 71-72. Il ne s'agit pas d'ériger le sens commun en philosophie, il s'agit de construire une philosophie qui explique le sens commun.

sible apparaît à tous les hommes comme une réalité indépendante de leur perception, non en ce sens que cette réalité serait extérieure à toute conscience ; bien au contraire, les hommes conçoivent cette réalité comme l'objet d'une conscience intellectuelle qui, en la pensant, l'affranchit de la subjectivité de la conscience sensible ; ils en font donc l'objet d'une pensée élevée au-dessus de tous les temps. C'est à cette conception que se suspendent toutes les sciences ; il n'y a de science que de l'éternel ; l'empirisme même, dès qu'il se donne pour une doctrine, c'est-à-dire dès qu'il parle, se place dans l'absolu.

Il y a une preuve insuffisamment remarquée de l'existence d'un élément intellectuel dans notre conscience [d'un élément propre avant toute expérience à situer la perception], c'est la profondeur, troisième dimension de l'espace : aucune expérience ne peut transformer le plan visuel ni le sens de l'effort musculaire en une profondeur [1] ; la profondeur, qui est en définitive le fantôme de l'existence, atteste que dès avant la perception la pensée [logique] ou entendement est à l'œuvre.

En somme, la pensée « est la conscience non des choses, mais de la vérité ou de l'existence [logique, objective] des choses », c'est-à-dire de leur « raison déterminante [2] » ; la vertu de la pensée distingue du fait, des événements subjectifs, du rêve, le droit des choses à être senties et perçues, leur réalité ; elle distingue les successions d'événements légitimes et vraies des successions illégitimes et fausses. Puisqu'ainsi elle dit le droit, il faut qu'il y ait en nous, avant toute expérience, « une idée de ce qui doit être, un être idéal, comme le

---

[1] V. sur la réalité de l'espace et sur la construction qu'en va faire M. Lachelier, le premier chapitre de la thèse de M. Jaurès, *De la réalité du monde sensible*, ouvrage où abondent d'étonnantes intuitions. Cf. *Revue de métaphysique et de morale* (nov. 1903), un article de M. Lachelier sur l'observation de Platner. L'auteur y soutient que les trois dimensions de l'espace ne sont données que par la vue, non par le toucher ; M. Darlu a combattu ces conclusions devant la Société de philosophie. Mais si l'étendue et par suite la profondeur manque à l'aveugle, comment donc est-il un être raisonnable, selon une théorie où il faut que nos sensations se projettent dans l'étendue pour cadrer avec une pensée logique ? On démêle que M. Lachelier a voulu remettre en honneur la thèse de Berkeley, tombée en discrédit et remplacée par la théorie empiriste qui rapporte l'espace au toucher. L'histoire de la philosophie présente souvent de ces alternances.

[2] IV, p. 507.

voulait Platon, qui soit pour nous le type et la mesure de l'être réel [1] ».
Cette idée fondamentale ne saurait nous être donnée comme un
fait, car elle deviendrait du même coup empirique et, loin de pouvoir
servir de critère, demanderait à son tour à être justifiée. La racine de
la conscience intellectuelle ne peut donc être placée que dans ce qui
ne suppose rien avant soi, donc dans une idée qui se produise elle-
même en nous, dans la pensée suspendue sur le vide et reposant sur
elle-même, dans la spontanéité absolue de l'esprit [2].

La pensée appliquée à la conscience sensible pouvait être analysée
et résolue en ses éléments; le dernier élément, la pensée pure, ne
peut plus être analysé ; nous ne pouvons en connaître la véritable
nature qu'en la reproduisant *a priori* par un procédé synthétique [3].

« Essayons donc de montrer comment l'idée de l'être ou de la vérité
se produit logiquement elle-même. Supposons que nous ne sachions pas
encore si cette idée existe: nous savons du moins, dans cette hypothèse,
qu'il *est vrai* ou qu'elle existe, ou qu'elle n'existe pas. Quelque chose
est donc déjà pensé par nous comme vrai et comme existant: mais,
dire que quelque chose est pensé comme existant, c'est dire qu'il y a
une idée de l'être, et dire que quelque chose est pensé comme vrai,
c'est dire qu'il y a une idée de la vérité. Ainsi l'idée de l'être, considérée
comme contenu de la pensée, a pour antécédent et pour garantie
l'idée de l'être, considérée comme forme de cette même pensée. [4] »

[Soit schématiquement :

idée = I
être = E   I E V
vérité = V

Nous savons que I E V existe ou n'existe pas, soit $\pm$ I E V. Donc
le dilemme $\pm$ I E V est posé comme vrai et existant, ou : il y a un
dilemme, vraiment et réellement, donc $\pm$ I E V = I E V].

---

[1] IV, p. 5o8.

[2] La méthode ici accuse un exact parallélisme : comme la conscience sensible a
été entée sur la volonté, la conscience intellectuelle est fondée à présent sur la spontanéité de l'esprit.

[3] IV, p. 5o9.

[4] *Ibid.*

Observation. — La doctrine de l'auteur consiste à méconnaître deux choses :

1° Que le dilemme est de lui-même parfaitement inerte, si une pensée active ne le parcourt et ne le franchit ;

2° Que c'est nous qui « essayons », « supposons », « doutons », « savons », qui écrivons IEV pour l'examiner ;

C'est-à-dire que c'est notre activité qui pose la forme et qui en droit est avant, bien que la forme soit donnée du même coup.

En effet, à serrer les mots avec la dernière rigueur, et cela est bien à propos avec un dialecticien comme celui que nous suivons pas à pas, il ne pouvait correctement écrire le texte cité plus haut que comme ceci : Quelque chose est donc déjà pensé « par nous » comme vrai et comme existant : mais dire que quelque chose est pensé *par nous* comme existant, c'est dire que *nous avons* une idée de l'être et dire que quelque chose est pensé *par nous* comme vrai, c'est dire que *nous avons* une idée de la vérité. Rien de plus. L'auteur n'avait aucun droit de passer de l'idée à l'être, il conclut très illégitimement qu'il y a *en soi* une idée de l'être et de la vérité.

Suite. — Si cette idée-forme a besoin d'être justifiée à son tour par une forme antérieure, soit : la voilà descendue au rang d'objet de la pensée et aussitôt elle tombe sous la prise du dilemme, à savoir : que cette idée-forme existe ou n'existe pas, il *est vrai* qu'elle existe ou n'existe pas. Quelque chose est donc déjà pensé par nous comme vrai, etc., etc. « L'idée de l'être se déduit donc d'elle-même, non pas une fois, mais autant de fois que l'on veut ou à l'infini : elle se produit donc et se garantit absolument elle-même[1]. »

[En effet, tout en gardant les signes précédents, appelons F la forme et C le contenu. Le contenu C n'est autre chose que la forme IF descendue au rang d'objet de la pensée, donc

$$IF = C$$
$$\text{donc} \quad C = IF$$
$$\text{or} \quad IF = IEV$$
$$\text{donc} \quad C = IEV$$

c'est-à-dire que dans le contenu même nous retrouvons la formule antérieure, l'idée à la fois être et vérité.]

---

[1] IV, p. 509.

Observation. — Pure tautologie : le contenu, c'est le contenant et inversement ; si donc le contenant n'est pas justifié, le contenu qui est le même n'aura jamais la vertu de justifier le contenant. M. Lachelier, à l'exemple de Leibniz, paraît avoir toujours été très préoccupé de démontrer les principes ; dans le *Fondement de l'induction*, il tentait de « démontrer un principe » en le rattachant à la nature, à la forme du Je-pense (v. I, pp. 17-18 sqq.). Maintenant qu'il touche le Je-pense lui-même au delà duquel il n'y a plus rien pour lui, il tâche de démontrer ce principe par ce principe. On ne fait que tourner dedans comme dans un cylindre, où la même partie est tantôt en haut, tantôt en bas ; et le principe ne valant pas, le transformer en cercle vicieux n'est d'aucune efficace pour le démontrer. Voyons cependant comment de ce Je-pense, forme creuse et « être idéal », M. Lachelier va déduire le monde.

SUITE. — 1° La pensée commence par poser sa propre forme [vide], c'est-à-dire l'être comme attribut [« existant », cf. IV. p. 512, ou étant] ; mais comme un attribut peut toujours être pris pour sujet de lui-même et que tout, même le non-être, peut recevoir le nom d'être, on a : l'être est.

Observation. — Je le nie ; on a simplement : *ens ens*. D'où vient cet « est » ? Tout verbe est actif. L'attribut est ici la pure et idéale possibilité d'être et n'a aucune vertu pour se changer en être réel qui est. C'est ici le même passage illégitime de l'idée à l'être déjà repris plus haut ; mais le passage de l'*ens* idéal à l'*ens* réel. cette proposition « l'être est » ne peut venir que de nous. que de l'auteur, être réel qui agit. Quoi qu'il en soit, nous venons de voir naître, avec un acte de naissance il est vrai controuvé. une première hypostase et elle n'est pas malaisée à reconnaître : c'est bien le Je-pense kantien, encore tout formel, mais devenu chose en soi. l'être n'étant encore rien que vide, l'être identique à rien comme chez Hegel, la pensée qui ne pense pas, l'inconscient tout pur de Schopenhauer. Mais le tour d'esprit de l'auteur étant éminemment d'un logicien formaliste, c'est un membre de la proposition qu'il porte à l'absolu, le membre de la proposition le plus réceptif, l'attribut, et par suite l'absolu le plus creux et le plus pauvre radicalement. Dans l'ordre matériel des choses, ce qui est sous-jacent à cette position logique, c'est l'état psychiquement nul du minéral tel qu'il a été supposé et décrit dans la partie psychologique du travail (moment A) et c'est encore, si on veut, l'état du germe considéré comme strictement minéral avant son évolution.

SUITE. — L'idée de l'être se déterminant elle-même est à la fois antérieure et postérieure à elle même[1] ; « elle doit donc être figurée dans la conscience sensible par une forme vide de l'antériorité et de la postériorité : et cette forme n'est autre que la première dimension de l'espace ou la longueur » [une ligne _____].

« Et elle va par une sorte de mouvement logique, d'elle-même, en tant qu'antérieure, à elle-même, en tant que postérieure : il doit donc y avoir aussi, dans la conscience sensible, un passage purement formel de l'avant à l'après, ou une appréhension successive de la longueur : et ce passage ou cette succession, c'est le temps. »

Mais la détermination du même par le même, en s'appliquant à l'étendue et au successif, devient détermination de l'homogène par l'homogène, nécessité mécanique, en un mot causalité.

« La causalité, voilà, en définitive, l'être idéal ; le schème pur de la causalité, la ligne invisible décrite par le temps, voilà l'être réel ou le monde[2] : tout le reste doit être tenu par nous pour une illusion et pour un rêve[3]. »

Observation. — Tous ces éléments sont creux, mais ils vont se remplir ; toutefois nous sommes avertis que les autres matrices du développement du monde sont des formes de l'illusion. Tout ceci reproduit fort bien, par la vertu interne d'une même logique, la doctrine de Schopenhauer, pour qui le principe de tout est l'inconscient, épanoui ultérieurement en une vaine Maïa.

SUITE. — 2° Cette idée vide appelle un contenu pour ainsi dire matériel qui soit avant elle, qui soit *ce qui* est. L'être abstrait va se rattacher au concret. Ce passage n'a rien de nécessaire et la pensée pourrait en rester à l'existence abstraite, qui est sa propre forme. Cependant l'être qui existe est plus vrai et plus digne d'être, il se pose spontanément et nous disons : « l'être est », en allant cette fois du sujet à l'attribut.

Observation. — Cette seconde hypostase ne peut manquer de répondre aux états décrits dans la partie psychologique du travail

---

[1] Voilà l'identité des contradictoires.
[2] N'y a-t-il pas ici un des points d'attache de la philosophie de M. Bergson ?
[3] IV, p. 510.

comme se rapportant à la tendance et observés dans la vie végétative et animale (moments B, C, D). C'est cette manière d'être élevée à l'absolu : mais l'auteur, logicien, la prend essentiellement dans le premier terme de la proposition. En effet l'auteur reprend :

Suite. — Cette seconde forme de l'être est volonté. « intensité » ; d'où en nous le mode de la conscience qui est la sensation. Mais la sensation, quoique simple, peut toujours être considérée comme composée de sensations de plus en plus faibles ; elle contient donc une diversité simultanée, ce qui est figuré dans la conscience par l'étendue à deux dimensions ou la surface.

Observation. — Une sensation est sans doute toujours étendue dans l'espace, mais la composition d'une sensation en intensité, la seule dont il s'agisse ici, ne dépend pas de la surface où elle se déploie extérieurement : elle peut être faible ou forte sur une même aire. Cette « diversité simultanée » aurait donc des rapports avec le nombre, elle n'a rien à voir avec l'espace. C'est dans le temps que l'intensité de la sensation varie ; la ligne suffirait donc dans ce second moment comme dans le premier, si, comme on le verra plus loin. elle n'était elle-même incapable de suffire à quoi que ce soit. et cette seconde dimension est une fausse fenêtre en attendant la profondeur.

D'autre part. je ne sais comment M. Lachelier concilierait la construction que j'expose avec son opinion actuelle. selon laquelle la notion d'espace ne nous est donnée que par la vue. Car il ne nierait pas qu'un aveugle a des sensations d'intensité diverse, et composées dans le sens qu'il donne à ce mot : cependant il lui refuse la notion de surface (v. art. cit. sur Platner). L'aveugle. qui a des sensations, se passerait donc de ce qui est ici donné comme ce qui « réalise » la conscience sensible. comme il devait se passer tout à l'heure de l'entendement. Quel étrange sort !

Suite. — 3° Il y a une troisième puissance de l'être, l'être supérieur à toute nature et affranchi de toute essence, et nous en reconnaissons l'idée dans la copule *est* qui fait passer à l'acte la proposition tout entière : être qui est le témoin de l'être concret et en affirme le bon droit, qui achève la vérité de l'être abstrait et de l'être concret à la fois, c'est-à-dire des deux termes de la proposition déjà posés, tout *soi*, tout vérité, tout lumière, tout liberté. Car le passage de la pensée à cette troisième idée de l'être n'a rien d'obligatoire : cependant elle va ainsi volontairement jusqu'à la pure action intellectuelle[1]. Cette idée se réalise dans la pensée empirique qui réfléchit sur la conscience sensible, d'où : *a*) la réflexion individuelle par laquelle chacun de nous affirme sa propre vie et sa propre durée et s'en distingue en les affirmant ; *b*) la perception réfléchie qui ajoute aux deux premières dimensions de l'étendue la profondeur, affirmation figurée de l'existence, et y transporte hors de nous les objets ; *c*) la connaissance rationnelle ou philosophique de nous-mêmes et du monde, réflexion de la liberté sur la réflexion individuelle et sur l'étendue, ou conscience intellectuelle. La nécessité fut l'ombre de la pensée, la volonté en fut le corps ; la pensée « s'est enfin trouvée elle-même dans la liberté : il n'y a pas plus de quatrième idée de l'être que de quatrième dimension de l'étendue[2] ».

Observation. — Il me semble que Platon eût fait de tout ceci un mythe.

De bonne heure la réflexion philosophique sentit la nécessité de mettre au sommet des choses un être dont l'essence montrât par elle-même quelque richesse : et après que les premiers philosophes eurent essayé, comme en tâtonnant, des principes matériels, physiques ou arithmétiques et même quelques principes moraux, après que ces principes eurent trahi leur insuffisance et que, d'autre part, les Éléates eurent montré que de l'Un seul il ne pouvait rien découler, Platon déjà tenta de rapporter l'arrangement du monde à une sorte de dualité première, celle de l'Idée contemplée par Dieu et de Dieu qui, en contemplant l'Idée, organise le monde. Aristote suspendit le monde à la Pensée qui se pense elle-même et qui enveloppe ainsi une dualité dans son unité. Les Néo-platoniciens distinguent dans le principe suprême l'Un, l'Intelligence et l'Âme, trois hypostases divines dont la seconde, toutefois, vaut moins que la première, la troisième moins que la seconde. Le défaut commun de ces doctrines, tandis qu'elles perfectionnaient la conception du principe divin pour ainsi dire en l'aménageant, fut de laisser subsister au même titre un principe matériel, indiciblement inférieur sans doute, mais coexistant. Selon la doctrine d'Aristote, qui me paraît être l'effort relativement le plus heureux qui ait été fait dans l'antiquité pour distinguer du monde l'essence divine, la matière ferme devant Dieu les portes de la cité du monde, l'exile,

---

[1] IV, pp. 511-512.
[2] *Ibid.*, pp. 512-513.

le borne, l'exclut ; il n'est ni tout-connaissant, ni tout-puissant ; il ne
sait pas qu'il est imité, il n'est pas question qu'il soit aimé ; en somme
c'est la matière qui se sert de lui. Platon et les Alexandrins ne croient
pouvoir incliner Dieu vers le monde qu'en le diminuant à partir de sa
première hypostase, en le déformant donc déjà sur le type de la
matière posée en même temps que lui. Les fils de la pensée de Kant
suivent une voie précisément inverse ; chacune des hypostases de leur
Dieu dépasse la précédente. La première est un événement fortuit, à
la manière des phénomènes de Hume ou du premier principe de tous
les matérialistes : suspendue sur le vide, et c'est ce qu'ils appellent
liberté, elle est radicalement incapable de rendre raison d'elle-même
ni, par suite, de rien de ce qui est. Les hypostases suivantes partici-
pent nécessairement de ce caractère : chacune, dépassant la précédente,
n'a pas dans la précédente sa raison, naît donc d'un néant, tout aussi
bien ne serait pas, est fortuite ; et si on veut cependant qu'elle s'explique par la précédente où elle a son point d'appui, toutes trois
ensemble apparaissent de nouveau comme la manifestation la plus
significative du matérialisme, aux termes d'une formule d'Auguste
Comte dont l'exactitude ne saurait être dépassée et qui identifie le
matérialisme à l'explication du supérieur par l'inférieur. La méthode
des disciples de Kant est donc inverse de celle des anciens, mais elle
est pire : ceux-ci, en effet, en s'efforçant de mettre à part l'essence
divine, de l'élever à la transcendance, tendaient du moins à échapper au matérialisme où ils étaient pris : les disciples de Kant y rentrent et s'y précipitent éperdument, sans même s'en apercevoir. La
triade de M. Lachelier, encore qu'il soit difficile de décider d'après le
texte si la première hypostase n'est pas la seconde et la seconde la
première (IV, pp. 511-512), tombe pleinement sous cette définition,
car la pensée y « passe » expressément « de l'existence abstraite, qui
est sa propre forme, au sujet existant » (ibid., p. 512) et enfin à la
conscience intellectuelle, qui dépasse à son tour les deux hypostases
antérieures. Il n'est pas malaisé de discerner que cette triade est imi-
tée, consciemment ou non, de la Trinité chrétienne, en ce sens que les
deux premières hypostases étant posées, être concret et être logique,
la troisième est celle qui les unit. Mais combien n'importe-t-il pas de
remarquer qu'aux yeux de la philosophie, la Trinité chrétienne est
une conception infiniment mieux faite que toutes autres ou, pour
mieux dire, parfaite ! Si, en effet, la raison est ce qui unit sans détruire,
l'acte raisonnable est la synthèse d'un divers : or, selon le dogme
chrétien, le Père engendre le Fils égal au Père, contemporain du Père
avant tous les temps, dès le principe, c'est-à-dire que l'antériorité du
Père est non dans le temps, mais dans l'ordre : « in principio erat
Verbum » ; et de tous deux procède l'Esprit ou Amour, égal et contemporain du Père et du Fils, chacune des trois personnes Dieu parfait et toutes trois ensemble Dieu parfait. Il y a donc ici une hiérarchie radicale dans l'être de Dieu et pourtant égalité et unité parfaite

dans l'amour ; Dieu est à la fois, comme il faut, un acte infiniment raisonnable et infiniment conscient, dont chacune des hypostases coïncide avec les autres, sans aucune intervention scandaleuse de néant et de vide, et où les trois personnes distinctes, l'être même, la raison même, l'amour même sont non pas identiques, mais Un.

SUITE. — La conscience intellectuelle nous assure de l'existence de l'esprit et d'une vérité extérieure à lui. Cette vérité extérieure, c'est l'idée de l'être dans ses deux premières puissances et leur manifestation dans le mécanisme et la vie. M. Cousin avait raison de croire et à la raison et à la nature, mais il fallait en expliquer le rapport [1]. Avec M. Cousin, M. Lachelier pense qu'il y a un certain nombre de facultés ou lois [2]. Il renvoie l'étude de nos modifications particulières et de leur ordre à la physiologie et à la physique et il distingue comme facultés de l'esprit la nécessité, la volonté et la liberté qui sont à la fois les actes constitutifs et les objets irréductibles de la conscience ; ce sont les principes proprement dits, mais elles se présentent encore sous l'aspect de notions ou natures simples comme temps, sensation et puissances de l'étendue. L'auteur a essayé de les définir a priori, de « démontrer les principes », afin qu'il ne fût plus possible d'assimiler ces fonctions à des habitudes toujours transformables ; il l'a tenté en faisant graviter toute la conscience vers la liberté et l'intelligence. Si cette déduction n'est pas assez rigoureuse. que la difficulté du problème soit son excuse [3].

Notre moi véritable [en soi], c'est l'acte absolu par lequel l'idée de l'être, sous sa troisième forme. affirme sa propre vérité [c'est la réflexion de la pensée absolue ; elle ne se connaît pas dans son acte, intuitivement, comme affirmation. mais elle se réfléchit sur les deux premières puissances de l'être et de là se déduit elle-même. se connaît déductivement comme la condition de son affirmation vraie].

Et le moi pour nous-mêmes, c'est le phénomène de cet acte absolu déduit; la réflexion individuelle par laquelle, réfléchissant sur notre

---

[1] IV, p 513.
[2] Ibid., p. 514.
[3] Ibid., p. 515.

vie nécessaire et sensible, chacun de nous affirme sa propre exis
tence.

Nous créons toute notre vie, tempérament et caractère, par u
seul et même acte libre, présent et supérieur à tous les instants. Nou
en avons toujours conscience [non pas une conscience intuitive, mai
réfléchie], tandis que d'un instant à l'autre, il y a mécanisme inflexi
ble[1]. Nous vivons mécaniquement une destinée que nous avon
choisie avec une liberté absolue ou que plutôt nous ne cessons pas d
choisir. Pourquoi ne la choisissons-nous pas mieux, pourquoi préfé
rons-nous le mal au bien ? Expliquer serait absurde. « La psycho
logie ne doit pas expliquer ce que condamne la morale[2]. »

L'auteur espère, par cette étude, avoir servi la cause du spiritua
lisme. Qu'est-ce que l'esprit ou la pensée ? C'est un fait, dit-on, don
on a conscience. Serait-ce donc que la pensée est une modificatio
de notre état subjectif, au même titre que l'action de sentir ou d
percevoir ? Pour l'en distinguer, il faudrait qu'elle eût un conten
propre, mais elle n'en a pas d'autre que celui de la sensation et de l
perception mêmes. Et il semble résulter de là qu'elle n'en diffèr
pas. C'est qu'il faut suivre une autre méthode. Il faut d'abord prouve
la vérité des sensations et des perceptions ; la preuve n'en saurai
être empirique, mais *a priori* : elle ne peut être que la conformité de
choses à une idée ou, plutôt, l'action, la vie d'une idée qui pénètre le
choses et se manifeste en elles. La forme la plus haute de cette vi
est un acte de réflexion et d'affirmation de soi. Cette affirmation d
la vérité idéale par elle-même, voilà la pensée. Elle est un fait, si l'o
veut, mais non empirique et donné, puisqu'elle consiste à affirmer l
valeur objective des données de l'expérience [en réfléchissant sur elles]
Nous en avons conscience en même temps que de ses objets, mai
nous ne pouvons l'en dégager qu'en reproduisant, par spéculation e

---

[1] M. Lachelier ne croit pas que nous puissions changer notre caractère, nou
convertir. Il croit que nous n'avons que l'illusion de le pouvoir.

[2] Peut-être, si expliquer était en effet absurde. Mais la métaphysique ne doit-
elle pas nous rendre raison de ce qu'est la morale, bien et mal ? Je ne vois rien d
cela ici. Kant au moins nous donnait expressément l'intuition morale du devoir,
d'un impératif absolu. Garde-t-on cette intuition, ou par devers soi quelque autr
chose ? Il faudrait nous le dire, car nous sommes en droit de le demander.

synthèse, le mouvement dialectique dont elle est le terme. [Ainsi la pensée consciente libre se déduit par réflexion logique sur le donné sensible, c'est-à-dire après qu'une construction spéculative lui a fourni les deux premières formes de l'être sur lesquelles elle se réfléchisse]. Au contraire, en étudiant la pensée par des procédés qui conviennent à la conscience sensible, on ne manquerait pas d'aboutir à la négation de la pensée. La vraie science de l'esprit n'est pas la psychologie, mais la métaphysique [au sens restreint du mot, la description de l'esprit comme condition des choses et connu par réflexion déductive].

VIII

Examinons cet important travail.

M. Lachelier a maintenu de la doctrine de Kant les trois points suivants :

1° Il n'y a pas d'appréhension directe, immédiate du Je-pense par lui-même ;

2° Il y faut une réflexion sur un donné antérieur à la réflexion, un réfléchissement ;

3° L'esprit ou Je-pense ou affirmation de soi est déduit de là comme condition de la vérité de ses objets.

Mais il est sorti du kantisme comme tous les autres disciples de Kant en faisant du Je-pense une chose en soi, un « être [1] » suspendu sur le vide, en un mot un absolu, et particulièrement en fondant le moi individuel par la raison spéculative. Nul doute que Kant n'eût désavoué énergiquement tout ce travail de M. Lachelier, comme il s'empressa de faire des premiers essais de Fichte.

A ce propos, il convient de nous faire une idée aussi nette que possible de la manière dont les philosophes post-kantiens sortent du kantisme.

Soit le schème suivant du kantisme, où la ligne FP représente le

---

[1] IV, p. 5o8.

Je-pense (forme), *op* l'objet pensé en vertu de la forme. Derrière *op*, est réservée la place d'une matière (*xm*) que nous avons à unifier pour en faire un monde, mais qui nous est radicalement inconnue, que nous ignorons totalement et de toutes les manières, puisque nous ne connaissons rien qui ne soit déjà sur la ligne *op* à titre d'objet. De même derrière FP est réservée la place de l'absolu, des noumènes, Dieu, moi, liberté (*xn*), que nous ignorons entièrement du point de vue de la science spéculative, puisqu'ils ne nous sont donnés que comme des principes régulateurs dans la forme même de notre pensée, jamais comme choses en soi. Enfin R représente la réflexion du Je-pense sur l'objet, réflexion ou réfléchissement grâce auquel le Je-pense se connaît en se déduisant comme condition de la vérité du monde, c'est-à-dire s'affirme, non comme chose en soi ni comme être, mais comme forme.

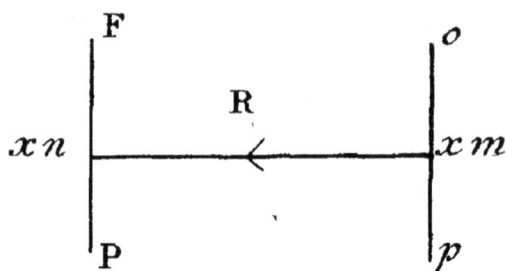

Voici ce que font les successeurs de Kant :

1° Ils ne veulent plus entendre parler de cette matière (*xm*), dont il faut parler sans qu'on en sache rien du tout. Ils la suppriment ; ils la font rentrer sur le plan de l'objet et le Je-pense se donne tout ce qu'il faut pour qu'il y ait objet, sans recourir à l'inconnue dont Kant voulait nous encombrer en nous défendant de savoir qu'elle existait ;

2° De même ils font rentrer le noumène, inconnu par définition (*xn*) dans la forme, dans le Je-pense ; l'absolu, le noumène est identifié au *cogito*.

De part et d'autre c'est la chose en soi qui est abolie, par cette raison qu'étant inintelligible et insaisissable, il n'y a pas lieu de la maintenir.

Mais du même coup le Je-pense-forme qui se donne ses objets et d'autre part est suspendu sur le vide, devient l'absolu, il devient chose en soi ; il est, pourrait-on dire de lui, l'alpha et l'oméga.

M. Lachelier, lui aussi, suspend le Je-pense « sur le vide », c'est-à-dire en traite comme si aucun noumène, aucun absolu n'existait d'ailleurs ; comme les autres disciples de Kant, il supprime tout noumène avant le Je-pense. Croit-il cependant qu'il existe quelque noumène, si on peut dire, en soi, hors du Je-pense ? Il y a lieu de le soupçonner, puisque d'après lui la moralité est d'un ordre dont le Je-pense ne donne pas la clef. Sans doute, à ses yeux, la raison spéculative n'y saurait pénétrer. Fait-il donc adhésion à la foi pratique de Kant ? A-t-il par devers lui quelque vue éthique, métaphysique, religieuse qui pourrait compléter sa construction logique ? Il ne nous le dit pas et nous n'avons pas à le rechercher. Mais Kant, qui a maintenu les noumènes au point de vue de la raison spéculative à titre de règles, s'est ainsi ménagé la possibilité de les retrouver et de les rétablir du point de vue de la raison pratique à titre de réalités. Dans la construction spéculative de M. Lachelier, les noumènes kantiens ou sont entièrement oubliés ou rentrent dans le Je-pense ; et cette construction, nous ne pouvons la prendre que telle qu'on nous la donne et dans les limites où elle se renferme. Le Je-pense est suspendu sur le vide. M. Lachelier, comme les successeurs de Kant, en fait donc un absolu, une chose en soi, un « être » et, comme plusieurs d'entre eux, un être triple, être qui comme chose en soi est le principe et pour ainsi dire l'alpha du monde, qui en tant qu'il se donne ses objets (FP se donne *op*) est encore l'oméga de toutes choses.

IX

Je me propose de défendre provisoirement le kantisme contre cet illustre disciple de Kant.

Nous déduisons, Kant et moi, le Je-pense, avec ses diverses déterminations esthétiques et logiques, de son réfléchissement (R) sur les objets de la connaissance et nous l'établissons comme condition une et diverse de la connaissance. Par là, que Kant le veuille ou non, nous faisons un appel au principe de causalité : car dire que l'ordre des objets de la connaissance accuse une certaine loi ou plutôt une forme qui les organise, c'est admettre, explicitement ou non, que cette forme, qui est une condition de la connaissance, joue le rôle d'une cause qui détermine la matière inconnue de la connaissance à

prendre l'aspect intelligible d'objets rangés avec ordre[1]. Un pyrrho-
niste insensé pourrait soutenir que tout cela arrive par hasard, ou
plutôt n'est-ce pas ce que dit Hume? Et ce que lui répond Kant,
c'est que tout cela a une raison, en relève donc en quelque manière
comme d'une cause.

Mais le principe de causalité est lui-même une forme subjective de
la pensée.

Donc les conditions ou formes de la pensée que nous déduisons
avec son aide, c'est-à-dire le Je-pense tout entier est encore subjectif.
Il y a là un subjectivisme radical et, pour Kant, la question de l'absolu,
du point de vue spéculatif, ne se pose pas, est formellement exclue.

Mais les successeurs de Kant et M. Lachelier font du Je-pense
l'absolu lui-même, produisant tout.

Donc la question de l'absolu est rouverte.

Or si l'absolu est le Je-pense lui-même, puisqu'après tout il est
subjectif, il pourrait y en avoir un, dix, cent autres inconnus de moi,
mille, une infinité. C'est l'attribut *pensée* de Spinoza porté à l'absolu,
et pour Spinoza la substance pouvait avoir, avait une infinité d'attributs ; il était même fort empêché de dire pourquoi nous n'en connaissons que deux[2]. Ici nous ne connaissons qu'un absolu entre une
infinité d'autres possibles. Qui sait s'il n'y a qu'un monde, celui qui
a rapport à notre pensée? Ainsi se trouve justifié et comme déduit le
doute de Hume et de Stuart Mill sur la question s'il n'y a qu'un
-monde, le nôtre avec son déterminisme. Il peut y en avoir mille autres
en dehors de notre connaissance et sans aucune attache avec elle. On
a donc abouti à justifier Hume et Stuart Mill sur ce point capital de
métaphysique, au moment où on prétend les combattre.

X

Dire que l'absolu qu'on nous propose en est un en autres possibles, c'est dire qu'il n'est pas un vrai absolu, objectif et réel.

---

[1] V. Georges Dumesnil : Du rôle des Concepts. *Dissolution et reconstruction
des concepts,* III, pp. 181-182.

[2] V. sa correspondance avec Louis Meyer.

Et je dis qu'étant un faux absolu, il sera impuissant à fonder notre moi.

Que serait donc un vrai absolu ? Je le connaîtrais comme tel si, par une sorte de toucher, je l'atteignais à la fois en moi et hors de moi, présent et transcendant, et en même temps seul possible. Or on me l'offre comme étant tout en moi, tout relatif à moi, à mes formes de pensée. Ne se pourrait-il pas que ce prétendu absolu ne fût qu'un jeu mécanique et illusoire de ma propre pensée, subjective et toute relative ? Nous l'avons surpris sur le fait comme il naissait, nous avons saisi la méthode de son développement. Il se trouve qu'il a été emprunté tout entier de l'observation sensible. Ne serait-il pas le monde même du relatif mis sous une figure abstraite, la doublure du relatif, comme il semble qu'à un certain moment de la philosophie de Platon l'idée soit un double logique de l'objet, en sorte qu'Aristote considère l'idée à peu près comme une chrysalide vide ? Or il y a là un procédé de pensée commode. Je pourrais, voici du moins mon doute à l'heure actuelle, n'être qu'un moi empirique, une chose dans le flux des choses, je pourrais n'être que mon moi mécanique et trouver commode, mécaniquement et pratiquement, de résumer mes acquisitions et mes observations confuses sous des signes qui, en les connotant, les distingueraient et, en les classant, les éclaireraient. Peut être qu'avant d'avoir lu M. Lachelier, l'implication de mes états psychologiques, naturellement accumulés en images emmêlées, m'en dérobait les plus remarquables différences ; peut-être que la continuité de mes événements intérieurs, étourdissant mon attention, m'empêchait d'en discerner les divers caractères. Maintenant je crains que cet absolu triple ou trinitaire qu'on me propose ne soit que l'algorithme de mes observations naguère confuses, comme sont les états complexes de la sensibilité avant que Condillac ne les analyse en idées; qu'il ne soit que mes idées sensibles qui, rangées en classes par la vertu de la généralisation, deviendraient des idées platoniciennes ; qu'il ne soit en un mot que le sensible même divinisé. Ce qu'on me donne comme mes facultés, je le soupçonne d'être l'abstrait de ce qu'une certaine philosophie appelait des sensibles communs : espace, temps, solidité, qu'on interpréterait à l'aide de mes sensibles propres, existence corporelle, vie sensible, vie intellectuelle, pour en faire, sous le nom d'êtres idéaux, ces sortes d'êtres platoniques : l'attribution *étant,* la substan-

tiation *être*, la causation *est*. ce qui n'irait, d'après Aristote, qu'à
parler creux.

Bref, ma faculté d'abstraire ou de réfléchir, si on ne me la montre
pas à part, en soi, réelle, elle-même, sans aucun donné sensible, et
par où je me saisirais comme être en soi, il se peut fort bien qu'elle
ne soit qu'un produit des événements. On ne me l'a montrée, cette
faculté identique à la conscience, que liée logiquement au jeu de la
dialectique et liée pratiquement au fait que je parle par propositions.
Or la dialectique est un événement qui n'a rien de plus absolu que ce
monde où elle se tisse, la proposition un mécanisme qui n'a rien de
plus nécessaire en soi que le développement de ma pensée. Dans un
autre monde, ou ce monde manquant, toute cette réflexion dialectique
sur la proposition s'évanouirait. et moi avec les choses. Ma conscience
fondée sur une logique accidentelle et sur un phénomène contingent
ne me révèle nullement que je sois fondé sur un absolu véritable ni
que je sois un être réel. Je ne suis peut-être une conscience qu'acci-
dentellement comme participant de ce monde, je suis peut-être en
fait une chose qui en résulte au lieu de le conditionner.

UN DISCIPLE DE M. LACHELIER. — Avez-vous si tôt oublié la leçon
que vous venez d'entendre ? Ne vous souvenez-vous plus qu'on a justifié le sens commun et qu'on vous a prouvé que vous êtes vraiment
une conscience, puisque l'espace et le temps sont en vous ?

Réponse. — Selon la doctrine dont vous êtes adepte. ils sont
d'abord dans le Je-pense universel ; je puis donc très bien n'être qu'un
moment de ce Je-pense universel et en qui se retrouvent ces deux
formes universelles; sans que je sois pour cela une personne en soi et
à part ; au contraire. je suis induit à croire que je ne suis qu'un phénomène sans initiative de ce Je-pense. premier par rapport à moi,
une conséquence de ce principe, un théorème inerte dans la suite
ou série qui en découle. à la manière des théorèmes de Spinoza.

En outre, vous donnez au sens commun précisément le contraire
de ce qu'il demande. car l'homme vulgaire *(rudis homo)* se considère
comme étant dans l'espace et dans le temps.

LE DISCIPLE. — Mais vous êtes une sensibilité qui vous est propre,
une intensité, une volonté, un tempérament qui sont vôtres.

Rép. — Je n'en sais rien. Tout cela peut me venir de la grande
machine dont je ne serais qu'un rouage ou une section. et qui pren-

drait dans ce que j'appelle « moi » une sensibilité, une intensité, une volonté dépourvues d'initiative et entièrement déterminées.

En effet, notre tempérament, c'est justement ce que le sens commun considère comme ne procédant pas de nous et reçu du dehors par héritage de nos ascendants, influence du milieu physique, prédisposition historique.

LE DISCIPLE. — Élevez-vous donc jusqu'au sommet de ce déroulement mécanique et vos doutes, vos objections vont cesser. Car vous êtes entendement et raison, c'est-à-dire essentiellement catégorie absolue de causalité inflexible ; dès lors, ne voyez-vous pas que c'est vous qui êtes la catégorie du mouvement mécanique et déterminé, soit que vous preniez ce mouvement dans la première hypostase comme temps, ou dans la seconde comme tempérament, ou maintenant comme caractère moral et raisonnable ?

Rép. — Cette catégorie de la causalité inflexible est dans le Je-pense universel. La question est de savoir si j'y suis pour mon compte ou seulement comme une partie déterminée, comme un segment d'un cercle par exemple dans un cercle dont les proportions sont données. Que demande le sens commun ? Deux choses, et je vais tâcher de me faire son porte-parole.

Si « moi » je suis libre, si je suis une initiative, si je suis en acte et d'une façon originale, si je change moi-même la suite des événements toujours contingents dans l'avenir, comme le veut peut-être Aristote, comme sûrement le veulent les philosophes chrétiens et aussi sans doute Descartes, Maine de Biran, Cousin et d'autres, si j'inaugure de nouvelles séries, comme disait Renouvier, dès lors je suis vraiment quelqu'un : je ne suis pas un nom, comme l'Ile-de-France, la montagne de Belledonne ou l'Europe, mais mon nom est un signe extérieur d'un être intérieur, réel en soi, et je puis être responsable.

— En outre, il faut que l'action dont je suis l'auteur concerne une idée quelconque de bien ou de mal, pour que mon acte soit bon ou mauvais ; et c'est ce dont votre maître n'a pas manqué de convenir, en distinguant fort expressément le bien et le mal[1]. Or ce qu'il fau-

---

[1] IV, p. 516.

drait qu'il m'expliquât pour contenter en moi l'interprète du sens commun, ce n'est pas pourquoi je choisis le mal plutôt que le bien, mais ce que c'est que bien et mal. Sinon et n'étant pas instruit de ce qu'est le bien et le mal, je suis responsable d'une responsabilité nulle et je me moque de ma responsabilité. Je fais ce que je veux.

Une initiative efficace au cours même de cette vie et ayant rapport à une idée de bien et de mal, voilà la liberté que réclame le sens commun. Je ne sais si nous trouverions de quoi le satisfaire dans l'idée de la liberté que vous m'offrez.

Le disciple. — Saisissez-en donc exactement la nature. Le Je-pense est sans précédent, il est suspendu sur le vide, il est donc libre; c'est lui qui fonde le mécanisme.

Rép. — Je vois qu'il est libre à la manière de la substance de Spinoza, en ce sens qu'il n'a rien avant lui. Cela lui confère assurément l'initiative, mais une initiative dépourvue de toute moralité. I est une apparition fortuite comme les phénomènes de Hume, irration nelle comme tout ce qui sort de rien, et qui par conséquent ne rend pa compte d'elle-même.

Or le sens commun veut que le principe des choses soit rationnel e ait quelque rapport à la moralité.

Le disciple. — Ce qui importe au sens commun, c'est que l'homm ait du rapport à la moralité. Vous en avez si vous êtes libre. Or vou l'êtes, car vous participez de l'initiative absolue du Je-pense; vou êtes un commencement absolu suspendu sur le vide, un « moi » san antécédent temporel, et le mécanisme empirique où votre destinée s déroule, c'est vous qui le fondez.

Rép. — Cette situation me confère exactement la même initiativ qu'au Je-pense, c'est-à-dire dépourvue de toute moralité. Je sui comme lui une apparition, une existence fortuite selon la pensée d Hume, n'ayant pas à rendre compte et d'ailleurs ne pouvant pas ren dre compte d'elle-même, parfaitement irrationnelle. En suite de quo tous les faits de ma vie se déroulant mécaniquement, je ne pu rendre compte d'aucun au fond, puisqu'ils dépendent tous d'un origine qui ne comporte aucune explication; je n'ai à rendre comp en particulier ni du fait m, ni du fait n, ni du fait z, pas plus d milieu que de la fin de la série, puisque le commencement en est e l'air, pas plus des faits qui sortent de mon être, de mon tempérame ou de mon caractère que de mon être, de mon tempérament ou de mon caractère eux-mêmes.

Or le sens commun demande que je rende raison et que je sois responsable des faits de ma vie *m, n*... *z* et que j'en rende raison comme de faits qui ne sont pas mécaniquement déterminés, même s'ils procèdent de mon être, de mon tempérament, de mon caractère.

LE DISCIPLE. — Pour écarter votre responsabilité, vous oubliez ce que nous savons depuis la thèse sur le *Fondement de l'induction* : c'est que vos idées sont contingentes, que chacune d'elles « est en elle-même, absolument indépendante de celle qui la précède et naît de rien, comme un monde » [1], que « la liberté semble consister en effet dans le pouvoir de varier ses desseins et de concevoir des idées nouvelles, et la loi des causes finales exigeant absolument qu'il existât une telle liberté [2]. » que « ce qu'on appelle notre liberté est précisément la conscience de la nécessité en vertu de laquelle une fin conçue par notre esprit détermine, dans la série de nos actions, l'existence des moyens qui doivent à leur tour déterminer la sienne. [qu'] ainsi l'empire des causes finales, en pénétrant sans le détruire, dans celui des causes efficientes, substitue partout la force à l'inertie, la vie à la mort et la liberté à la fatalité » [3]. Ce sont donc vos idées toutes contingentes qui se réalisent par votre propre mécanisme : vous les avez choisies librement par votre initiative absolue dans le Je-pense, par là vous êtes un moi libre; et, j'ose, pour affirmer ceci, « franchir, par un acte de foi morale, les bornes de la pensée en même temps que celles de la nature [4]. » vous êtes responsable.

Rép. — Je n'écarte pas ma responsabilité, je la cherche. Je ne sais pas ce que c'est qu'une idée qui ne naît de rien ou qui naît de rien comme un monde. et il me paraît incroyable et insensé que quelque chose naisse de rien. Je ne fais aucun état d'un appel à la foi morale qui ne produit aucun titre ni dans la nature ni dans la pensée. Mais puisque vous vous êtes replié sur mon système d'idées

---

[1] *Du fondement de l'induction.* VII. p. 109.

[2] *Ibid.,* p. 107.

[3] *Ibid.,* pp. 111-112.

[4] *Ibid.,* p. 112 *in fin.*

comme sur une sorte de matériel donné qui accuse à la fois ma per
sonnalité et ma responsabilité, il est temps que je vous prouve, san
sortir de la doctrine que vous défendez, trois choses :

A. Que mes idées ne sont pas à moi ;

B. Que je ne suis pas un moi ;

C. Et que par conséquent je ne suis pas responsable.

En effet, vous voulez dans le déroulement temporel qui suit du Je
pense « un inflexible mécanisme » et vous spécifiez même que me
idées, en tant qu'elles apparaissent temporellement, sont dans l'éta
de cet inflexible mécanisme. Il n'y a donc de réel et de fécond que c
qui se passe dans le premier moment avant le temps, à la racin
même du mécanisme. Je vous demanderais volontiers à la rencontre
comme votre maître le demandait aux empiristes [1], pourquoi, tou
étant nécessaire d'abord, cet épiphénomène de la conscience tempo
relle, qui me révèle à moi-même comme un fantôme auquel je ne pui
rien modifier dans le temps. Pourquoi, si « le schème pur de l
causalité, la ligne invisible décrite par le temps » constitue « l'êt
réel ou le monde [2], » nos « états de conscience » ajoutent-ils à cet
ligne invisible et réelle un monde à deux et trois dimensions, « u
monde extérieur [3] » qui, dès lors, « doit être tenu pour une illusio
et un rêve [4], » et auquel un appel oratoire au sens commun ne saura
cependant conférer aucune « réalité [5] » ? Comment enfin ce mond
de l' « étendue à trois dimensions », de la « réflexion individuelle
et de la « raison [6], » étant un monde d'illusion et de rêve, peut-
bien être justement celui qui atteste la vérité de l'autre ?

Mais je passe et je me transporte dans le mécanisme. Il ne nous se
de rien de répéter ce mot à satiété, si nous ne sommes pas seuleme
sûrs de le bien entendre. Descartes a donné l'idée-type du mécanism
dans sa théorie des tourbillons. Une gyration, une oscillation qu
maintient chaque élément considéré sous la prise de l'esprit, sans qu
jamais il s'évade et puisse échapper, voilà à quoi se ramène infai

---

[1] *Psychologie et métaphysique*, IV, p. 5o5.

[2] *Ibid.*, p. 51o.

[3] *Ibid.*, p. 5o5.

[4] *Ibid.*, p. 51o.

[5] *Ibid.*, p. 5o5.

[6] *Ibid.*, p. 512.

liblement tout mécanisme. C'est une conception décisive et totale ;
quelques fautes graves qu'il y ait dans la philosophie de Descartes,
ce puissant homme, par son idée de liberté et sa théorie du tourbillon,
a touché pour ainsi dire des deux mains les deux extrémités de la
spéculation humaine et il a enfermé le mécanisme dans une formule
adéquate d'où il n'y a pas à sortir.

Or les caractères du tourbillon sont les suivants :

1° Il est par définition une unité, par nature un système, essentiellement une unité de forme ;

2° Toutes les parties en sont homogènes ;

3° Toutes les parties n'y sont des unités que comme des tourbillons
subordonnés, n'existent pas en soi; c'est ainsi que les animaux mêmes,
malgré leur apparence de vie, ne sont que des tourbillons particuliers
résultant du mécanisme universel, des animaux-machines ;

4° Tous les principes du tourbillon sont présents dans chacune de ses
parties et dans tous ses éléments, c'est-à-dire qu'il n'y a pas une partie
où ne règne toute la géométrie comme science de l'étendue et pas un
élément que ne régisse toute la mécanique comme loi du mouvement.
C'est ainsi que dans chaque monade de Leibniz le monde se retrouve
implicitement tout entier, et le système des monades n'est à cet égard
qu'une traduction dynamiste du système des tourbillons.

Le Je-pense-forme d'où résulte le mécanisme complet et inflexible
est donc proprement un tourbillon, déjà tout machine lui-même, actif
de l'activité machinale que lui a prêtée Kant, activité qui de plus est
ici toute fortuite originairement. C'est une machine qui, à ce titre,
fonctionne mécaniquement et se traduit par son mécanisme même.
C'est là, nous dit-on, qu'elle se connaît, c'est-à-dire en réfléchissant
sur son mécanisme, en réfléchissant sur la proposition gramma-
ticale.

Dans un mécanisme, mon moi empirique est un tourbillon
sensiblement déterminé, logiquement causé par le tourbillon universel.

Et nous sommes d'accord que je ne suis empiriquement responsable de rien.

Le disciple. — Je donne à votre responsabilité un fondement bien
plus sûr que ces manifestations empiriques où se déroule votre vie.
Vous êtes responsable par une raison métaphysique, étant un moi et
un absolu dans le Je-pense.

Rép. — Que diriez-vous, si je vous répondais que je ne suis ni un moi, ni un absolu, parce que je suis prédéterminé dans le commencement du tourbillon, que pour prétendre à ces titres, il y faudrait être dans cet instant où tout ne dépend encore de rien, mais que je n'y suis pas encore réellement et encore moins librement ?

Le disciple. — Vous y êtes, car le tourbillon, comme l'a si bien vu Descartes, est instantané, c'est-à-dire hors du temps et dès le premier mouvement, je dirais volontiers dès le premier remuement, le tourbillon est gros de toute la multitude des tourbillons ; il y a là instantanément tous les tourbillons dont vous êtes un : ainsi toutes les monades de Leibniz sont hors du temps, en même temps que la monade suprême. Et vous êtes pour votre part dans l'initiative originale du Je-pense universel. Vous portez en vous vos idées qui sont toutes contingentes, c'est-à-dire dont aucune n'a rien de nécessaire avant elle. Vous êtes donc bien un commencement absolu.

Rép. — A merveille ! Il est de mieux en mieux entendu entre nous, contre le sens commun, que ce monde temporel est un rêve et une illusion inutile. Mais ces idées que vous me donnez sont-elles à moi ? Je suis homogène au tout. Il ne peut avoir aucune idée qui ne soit à moi, je ne puis avoir aucune idée qui ne soit au tout. Mon moi-idées se confond donc, si vous ne voulez pas dire se dissout, dans tout le tourbillon, car le tourbillon est un. Je ne suis tout au plus qu'un théorème subordonné, un corollaire, un cas mécaniquement ordonné d'un inflexible tout, qui d'ailleurs se retrouve tout entier en moi-même. Mon moi-idées partage entièrement la fortune du tout, j'y consens. Je suis déjà en quelque sorte ce tout.

Or lui et moi, au fond, nous n'avons qu'une idée, celle du mécanisme fortuit que nous sommes. Comment en aurions-nous une autre ? Nous n'avons que notre propre idée du Je-pense comme forme mécanique originale : temps, espace, causalité, et nous n'avons absolument rien à mettre dedans : car ni vous ni moi nous ne pouvons raisonner, ni tenir compte dans nos raisonnements, d'une morale peut-être religieuse qui fournirait par aventure (je n'en sais rien) un contenu au Je-pense, mais qui dans l'espèce n'a précisément rien à voir ni avec la pensée ni avec la nature.

Si donc vous ne m'accordez pas immédiatement l'intuition : « Je me pense moi-même » et si vous voulez, avec Kant, que le Je-pense se réfléchisse sur quelque chose, il ne se réfléchira sur rien, puisqu'il n'y a rien ni hors de lui ni en lui, et il ne se pensera pas. Ce sera un Je-pense qui ne se pense pas, un Je-pense qui ne pense rien, un inconscient. Et j'avoue que dans cette doctrine mon Je-pense est, comme chez Descartes, entièrement uni à mon être, mais c'est ici un Je-pense qui ne pense rien et un être qui n'est rien ; en sorte que cette philosophie post-kantienne ajoute à l'adage de Descartes un codicille qui n'est pas de peu d'importance et qui fait que l'ensemble de ses principes peut s'énoncer ainsi : « Je pense, donc je suis ; mais je ne pense rien, donc je ne suis rien. » Équivoque profonde, d'où il n'est pas étonnant que jaillisse le pullulement des sophismes.

Pour échapper à cette conclusion nettement nihiliste, vous me proposez avec votre maître un Je-pense-forme qui se réfléchit de forme en forme ; et si subtile, si artificielle, si arbitraire à vrai dire que me paraisse cette construction, il faut bien que je vous suive sur ce terrain et que je discute ce symbolisme, dont je vous donnerai d'abord une sorte de réfutation géométrique *(confutatio geometrica)*.

Une première forme, qu'on appelle « existant » ou « étant », est donnée comme un mouvement et vient en « être ». Je nie qu'on puisse ainsi passer d'une pure idée à l'être, mais je l'admets, pour aller jusqu'au bout avec vous. Ainsi « étant » vient en « être » (x vient en A) x —————————A, et ce mouvement étant la ligne même du temps donne en effet la ligne droite. Or la ligne a une dimension, une réalité, si on veut, comme longueur, mais elle n'a aucune réalité comme largeur ou épaisseur.

Une seconde forme « être », qui est aussi mouvement, part dans une autre direction. Je veux que par impossible elle rencontre la première, que « être » aille en « étant », puisqu'on lui assigne empiriquement, invraisemblablement ce rendez-vous. On dit qu'elle se réfléchit sur la première forme ou ligne. Je dis, au con-

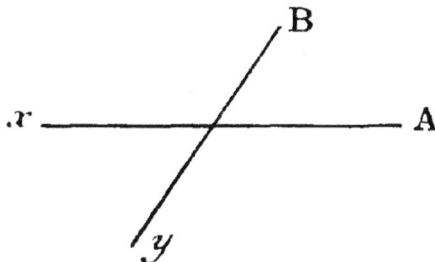

traire, qu'à moins de se confondre avec la première (cas unique o
elle ne serait rien de plus que la première), elle la traversera sans l
savoir, By traversant xA par le travers, c'est-à-dire par où xA n'es
rien, comme on en convient en parlant de la « ligne invisibl
décrite par le temps [1] ». Comment donc la seconde forme aper-
cevra-t-elle ce qui est « invisible » ?

Mais j'admets que cela nous ait donné un plan, bien qu'évidem
ment il ait fallu que le plan fût d'avance pour que j'allasse frapper l
première ligne avec une sécante. Une troisième forme « est », qu
est aussi mouvement
part dans une nou-
velle direction cz
Cette fois, sauf le ca
du parallélisme entr
la nouvelle directio
et le plan, cas uniqu
entre une infini
d'autres, la nouvell
ligne rencontrera l
plan ; mais elle le frappera justement par le travers où le plan e
néant et elle le traversera sans s'en apercevoir et sans s'y réflé
chir.

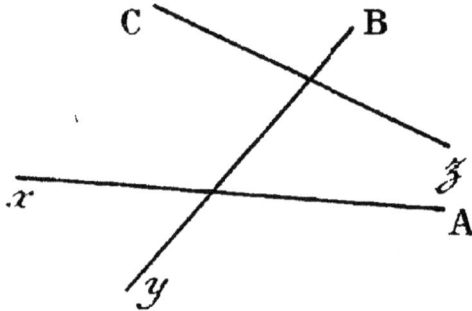

Donc il n'y a jamais réflexion. Et chaque hypostase du Je-pen
n'est jamais qu'une ligne droite indéfinie.

Aussi bien, on me dit [2] que dans la ligne droite il y a déjà espa
(longueur), temps et causalité mécanique. tout ce Je-pense, et que
reste y est surajouté comme une illusion et un rêve. Or la ligr
droite est celle qui ne se réfléchit jamais. Si donc ce Je-pense a beso
de se réfléchir, il ne se réfléchira jamais, il est inconscient. Et puisqu
je partage sa fortune, je devrais être inconscient comme lui et m
moi est une illusion. un rêve.

C'est ce que j'avais promis de vous démontrer, à quoi j'ajoute, p
manière de corollaire. que je ne suis pas plus moi que le tout incon
cient et pas plus responsable que le monde fortuit.

[1] *Psychologie et métaphysique*, IV, p. 510.
[2] IV, p. 510.

Vous reste-t-il un scrupule et prétendez-vous que chacune des formes s'aperçoit qu'elle en rencontre une autre, parce que chacune d'elles, la première par exemple (xA) est une idée concrète en mouvement, c'est-à-dire un courant? Je me débarrasserai de votre recours par une nouvelle réfutation en quelque sorte dynamique *(confutatio dynamica)*.

Si l'idée est concrète, si elle est un courant, il lui faut pour son mouvement, non pas une ligne, mais un canal, c'est-à-dire tout de suite les trois dimensions de l'espace. Or ce n'est pas en traversant l'espace pur que ce courant concret prendra conscience de lui-même comme courant, comme mouvement, puisqu'il n'aura aucun point de repère grâce auquel il s'aperçoive qu'il se meut ou, pour parler comme vous, puisqu'il ne se réfléchira sur rien. Cette impuissance de l'espace vide à révéler le mouvement de la conscience est un sentiment où nous sommes d'accord, votre maître et moi, et qu'il corrobore par maints textes que je mets sous vos yeux[1].

Aussi demande-t-il dans ces mêmes textes que des actes concrets de l'esprit divisent l'espace et y déterminent des limites. pour que notre perception y trouve quelque chose où se prendre.

Or il s'interdit précisément ce premier acte concret d'où résulterait quelque détermination de l'espace, quand il figure ce premier acte, cette première idée en mouvement. cette première hypostase par la simple ligne droite ; car on ne peut rien faire passer de concret par le fil de la ligne droite : la section en est un point. et un point. s'il vous plaît. n'est pas un trou.

---

[1] *Psychologie et métaphysique*, III : « La continuité c'est l'étendue elle-même ». p. 494. « L'étendue réduite à elle-même ne pourrait ni constituer une conscience, ni même servir d'objet à une conscience déjà constituée » p. 496. « Les parties de l'étendue ne peuvent pas, comme le croyait Descartes, se distinguer les unes des autres par leur mouvement : elles ne peuvent pas changer de place entre elles, puisqu'elles ne sont elles-mêmes que des places, et un tel changement ne pourrait, en tout cas, être perçu, puisqu'elles sont parfaitement semblables les unes aux autres », *ibid.* « Nous avons besoin tout à la fois, et de trouver en nous quelque chose qui s'en distingue [de l'étendue]. et de trouver en elle quelque chose qui la détermine. Or il y a dans notre conscience un élément qui répond à ce double besoin : c'est la sensation ou la qualité sensible », *ibid.* « Notre perception porte moins sur l'étendue elle-même que sur les lignes qui la divisent et la limitent », *ibid.*

Le disciple. — J'avoue que rien de concret ne peut passer par le point. Mais par un acte d'esprit concret, je fais passer par le point et je répands selon la ligne une idée abstraite.

Rép. — La ligne n'est donc plus habitée pour ainsi dire intérieurement par un être concret qui se meut, par une future conscience. Mais il y a quelque chose de plus grave : ce qui est abstrait ne se meut pas, est au contraire posé comme fixe et immobile. Votre ligne xA, symbole et nature de votre première hypostase, est donc immobile, inerte. Si, du moins, il y avait eu là un courant concret, on aurait pu se représenter que, rencontré par un autre, il se fît dans le choc et par les directions relatives des éléments concourants une conscience de ce qui se meut. Mais si votre première hypostase xA est immobile, et inerte, la seconde By en traversera la ligne invisible sans s'en douter, loin de s'y réfléchir, et il n'y aura pas plus de conscience de la seconde puissance que de la première.

Le disciple. — Que signifie cette querelle ? Est-ce que vous aussi vous ne tracez pas des lignes comme représentations d'actes d'esprit concrets ? C'est ce que fait mon « étant » en se rendant de sa forme d'attribut à sa forme « être » ou sujet.

Rép. — Permettez : entre nous la partie n'est pas égale. Il est très vrai que moi aussi je trace des lignes comme représentations d'actes d'esprit concrets, mais je les trace comme représentations des actes d'un esprit qui se connaît lui-même intuitivement. Or la question qui est ici entre vous et moi, ce n'est pas de savoir si votre forme « étant-être » est un acte, c'est de savoir si cet acte, à supposer que c'en soit un, se connaît et est susceptible d'être connu. Et je suis bien forcé, quoique peut-être j'aie peu de goût pour d'aussi artificielles subtilités, de raisonner de cet acte d'après l'idée que vous m'en donnez et d'après le symbolisme dont vous faites sa nature et sa réalité même. Or, selon cette idée, non seulement il ne se connaît pas, se mouvant dans le vide, mais, abordé par le travers de la ligne invisible et inerte qui le représente, il n'est pas susceptible d'être connu.

Fissiez-vous tout de suite de la seconde hypostase By un plan, vous n'y gagneriez rien, car ce plan traversera toujours la ligne xA sans s'en apercevoir.

En outre, pour venir traverser cette ligne, il faudrait que ce plan se mût. Or un plan tout pur n'est jamais que la trace abstraite d'un acte d'esprit concret ; un acte concret ne circulera pas plus à l'intérieur de la feuille du plan qu'à l'intérieur du fil de la ligne, puisque feuille et ligne n'ont aucune réalité, sauf justement dans l'esprit qui les pose comme des abstractions ; et à ce titre d'idée abstraite, votre plan ne se mouvra pas.

Et quand il sera à son tour abordé par la troisième hypostase, celle-ci fût-elle d'avance un volume, elle traversera ce néant d'épaisseur, où rien ne se meut, sans s'en apercevoir. Toutes les figures géométriques se compénètrent indifféremment.

Donnerez-vous à la seconde hypostase, n'ayant rien pu faire de la première, une dimension en profondeur, pour qu'elle soit quelque chose, et pour donner le temps qu'elle soit perçue au passage ? Dans ce cas, puisque vous n'avez rien pu faire de la première hypostase et qu'elle est comme si elle n'était pas, vous vous donnez tout de suite les trois dimensions de l'espace ; or les trois dimensions de l'espace, c'est l'espace, qui de votre aveu est traversé sans qu'on s'en aperçoive et qui est immobile. Ainsi votre Je-pense, parfaitement creux, fût-il un acte, ne se réfléchira jamais et demeurera l'inconscience même. Il ne se connaîtra pas plus que ne se connaît la formule abstraite d'un tourbillon. Et puisque je partage la fortune du Je-pense universel, je devrais moi-même être inconscient. Selon cette nouvelle interprétation qui voulait être dynamiste et qui n'a pas réussi à l'être, mon moi est de nouveau un rêve, une illusion, et moralement je ne suis pas plus moi que le tout inconscient et pas plus responsable que le monde fortuit.

Sans doute il est plus qu'étrange, si cette doctrine est vraie (aussi ne l'est-elle pas), que je parle, que je dise : « moi » ; sans doute il est absurde que dans ce tout identique et irrémédiablement inconscient, dans cette forme pure, il apparaisse des choses diverses, la vie, la conscience, le sentiment d'un moi responsable. Elles sont pourtant. Ce système ne les fournit pas ; ce n'est pas à moi de les lui donner, c'est mon devoir de les lui refuser. Ce progrès irrationnel du néant à l'être intellectuellement conscient, on a voulu lui donner l'ombre de la réalité en le transportant dans une sorte de trinité première ; elle ne pouvait manquer d'être irrationnelle à son tour et d'être l'ombre du néant.

En fait, mon jeune ami, disciple d'un énergique penseur, vous croyez justement (si vous le croyez encore) ce que croient les empiristes systématiques et à leur tête, Hume, dont la doctrine a dans le système des tourbillons de Descartes sa formule mathématique, à savoir: que je suis homogène au tout; que je prends conscience de cet état par un déterminisme inflexible en fait et, dans le fond, fortuit; que par suite des mouvements, frottements mécaniques, il paraît par places dans ce tout des épiphénomènes, chaleur, électricité. lumière ou phosphorescences qui disparaissent quand l'évolution du tourbillon passe au delà. Une phosphorescence mécaniquement déterminée qui n'a aucun fondement en elle-même, voilà exactement ce qu'est mon moi dans la doctrine de votre maître; c'est-à-dire que mon moi n'est pas et que cette doctrine est l'empirisme même, revêtu de l'armature d'une logique irréelle.

XI

Kant n'a jamais prétendu me donner mon moi par la raison spéculative discursive. par l'entendement, comme l'ont tenté en vain certains de ses disciples en s'inspirant de la méthode criticiste; aussi bien cela ne pouvait réussir et il fut le premier à le voir.

A la fin de la *Critique de la raison pure*, la raison dit : il doit y avoir un monde, il doit y avoir un moi et un Dieu.

La *Critique du jugement* est celle qui répond : il y a un monde.

La *Critique de la raison pratique* est celle qui répond : il y a un moi et un Dieu.

Ce moi, Kant me le donne donc par la morale ; ce n'est que là qu'il me parle d'absolu. sous le nom d'impératif catégorique. Et il faut avouer que la méthode est originale et merveilleusement ingénieuse. La voici :

Toutes les facultés inférieures du Je-pense, la sensibilité en apportant l'espace et le temps, l'imagination en apportant des schèmes, l'entendement en apportant des catégories. fournissent des formes qui contraignent la matière de la connaissance d'entrer en elles et qui sont pour ainsi dire opérantes. étant les conditions mêmes du monde; avec la raison. qui est au sommet de la hiérarchie. tout change. Elle apporte des idées et des règles qui sont pour ainsi dire inopérantes et que la matière de l'expérience n'emplit jamais. Et le point de vue est renversé : tant qu'il s'agissait de l'expérience, nous avions l'intuition du donné empirique, et de l'expérience nous déduisions par réflexion les formes comme conditions de l'expérience même. Quand il s'agit de la raison, nous avons l'intuition des formes ; par exemple la forme de la raison pratique qui commande catégoriquement à notre conduite est : « tu dois ». Et de cette forme nous déduisons par réflexion ce qui en est la condition : « je puis », je suis une personne qui peut par elle-même, je suis libre, je suis moralement un vrai moi.

Je n'ai pas à prouver contre Kant qu'il n'y a pas d'intuition morale du devoir, comme il y a une intuition du ciel étoilé, puisque j'y crois. J'ai à rechercher seulement si l'impératif : « Tu dois », se soutient dans son système et s'il me donne mon vrai moi.

Dans un subjectivisme radical, je ne puis rien devoir qu'à moi-même. Kant en tombe d'accord et stipule expressément « l'autonomie de la volonté ». Examinons donc ce « Tu dois » qui prétend me conférer une autonomie soi-disant morale, une vraie personnalité, un vrai moi.

Le « Tu dois » que je me propose à moi-même est peut-être d'origine toute mécanique et empirique. Il est visiblement une forme d'art de la vie. Or j'ai remarqué que la méthode de la métaphysique criticiste était de porter les formes de la vie concrète à l'abstrait et à l'absolu. C'est ce qui ne saurait manquer d'arriver ici-même, si je suis un simple événement du Je-pense, tourbillon universel. Celui-ci, en vertu de l'indéfectibilité du mouvement, tend à persévérer dans la totalité de son être. Dès lors l'universalité de la loi, présente par définition dans chaque élément du tourbillon, se réfractera dans chaque partie de l'être. Il se réfractera comme instinct dans l'espèce, il se réfractera dans la conscience sensible comme instinct de conservation individuelle et dans la conscience intellectuelle comme instinct de la conservation de l'être au sens le plus large du mot, du tourbillon, du Je-pense universel. Le « Tu dois » sera l'illusion individuelle, le phénomène local de cet instinct intellectuel, la connotion abstraite en moi apparue de ce qui est avantageux au tourbillon total, ou plutôt de ce qu'est le tourbillon. Mais en lui, je suis mécaniquement, et c'est tout. Et quand j'ai pris conscience intellectuellement de mon instinct intellectuel, quand j'ai pris conscience du mécanisme et du tourbillon, du même coup le « Tu dois » personnel m'apparaît comme une illusion et aussi la personnalité, le moi lui-même : je suis affranchi du « Tu dois », puisque je sais que j'agirai toujours, quoi que je fasse, mécaniquement.

UN PUR KANTISTE. — Vous commettez contre la doctrine de Kant une faute d'interprétation qui ruine votre objection. Ce Je-pense, que vous assimilez à un tourbillon, Kant ne l'a jamais porté à l'absolu. Si donc le « Tu dois » est un absolu, il ne fait pas partie du tourbillon mécanique. il n'est pas déterminé par ce mécanisme, il est hors du monde et de la nature empiriques. C'est bien ce que montre Kant en faisant du « Tu dois » une forme que l'expérience n'emplit peut-être jamais, et c'est ce qu'il indique encore en introduisant exceptionnellement à l'intérieur du mécanisme et comme venant du dehors le caractère, expressément donné par lui comme un miracle.

Rép. — Je donne les mains à ce que vous venez de dire. Mais de deux choses l'une :

Ou le « Tu dois » sera fortuit ; dans ce cas, il ne pourra me donner ses raisons et je me moque de lui. Au « Tu dois » répondra peut-être un « Je veux » empirique, fortuit. irrationnel, sans vrai moi, comme celui de Nietzsche, cet altier et frémissant artiste, qui est à merveille la vipère dont a fini par accoucher très légitimement le moralisme subjectiviste Ainsi je n'aurai pas de vrai moi, un moi raisonnable ;

Ou le « Tu dois » sera raisonnable et pourra m'intéresser par ma raison, si je connais par raison que je suis un vrai moi.

Or vous-même et les successeurs de votre maître me prouvez que la raison spéculative discursive ne peut pas me donner un vrai moi, que le moi que je pense est une illusion.

Je reste avec Nietzsche.

LE KANTISTE. — Mais il faut laisser tous les successeurs de Kant, qui n'ont fait que le gâter, et laisser aussi hors de cause la raison spéculative, qui n'a rien à voir en cette matière. Il ne faut écouter ici, comme le veut Kant. que cette partie de la raison qui vous impose pratiquement et intuitivement un acte de foi.

Rép. — Qui me prouve que votre raison pratique soit raison, si justement elle ne peut se justifier par la raison spéculative, si elle affirme ce que la première semble plutôt détruire, si elle peut si mal

supporter le regard de l'autre qu'il lui faille l'exclure expressément
pour garder le champ libre? Mettre hors une partie de sa raison est
déraisonnable ; paralyser en nous justement ce qui spécule, c'est
faire tort à l'homme. C'est une *deminutio capitis*, après laquelle
l'obéissance au « Tu dois » ne semble plus à quelques-uns que la
niaiserie d'un bon naturel. A mon gré, c'est apporter au devoir l'hom-
mage d'un homme mutilé. Vous reprochez aux successeurs de Kant
d'altérer la pensée du maître en sorte que, dans leurs doctrines, le
« Tu dois » puisse passer pour une illusion ; vous, vous ne pouvez,
vous ne voulez même pas démontrer qu'il n'en est pas une. Il demeure
douteux, et par suite la réalité de mon moi, que vous en déduisez. Cela
me suffit pour ne rien conclure avec vous, sans que je m'attache à
vous prouver, comme je pourrais faire, que la doctrine morale de
Kant est par certains côtés fort pauvre et très fausse.

XII

Au moment où les premières tentatives étaient faites pour donner
au public français dans sa langue quelque connaissance de la philosophie de Kant[1], un penseur français inaugurait les efforts par lesquels, transformant profondément le sensualisme de Condillac et l'idéologie[2], il allait tendre à rétablir la connaissance du moi.

La pensée de Maine de Biran fut pour ainsi dire toute dynamique
et en mouvement, bien que, par une apparente contradiction de
nature qui rend cette âme si merveilleusement attachante, cette âme
tendît toujours à une sorte de quiétisme.

On rencontre un premier état de la pensée de Maine de Biran vers
1802, époque où son *Mémoire sur l'influence de l'habitude* vient d'être
couronné par l'Institut et où Destutt de Tracy en fait un rapport à la
Classe des Sciences morales et politiques. Le grand objet de ce tra-

---

[1] On en verra le détail dans : Joyau, *Introduction en France de la philosophie de
Kant*, Revue philosophique, 1893.

[2] Sur l'évolution en France du sensualisme et de l'idéologie vers une véritable
métaphysique, dès avant Maine de Biran, v. F. Ravaisson, *Philosophie contemporaine*, Revue des Deux-Mondes, nov. 1840.

vail est de séparer, dans la totalité de l'impression, la sensation passive et la perception active. D'où la classification des habitudes en
passives et actives. De la passivité ne saurait jamais réussir une personnalité distincte. La passivité ne serait accompagnée tout au plus
que du vague et obscur sentiment d'existence qui peut être la vie
d'une huître ou d'un polype[1]. La perception et l'activité sont déjà
pour Maine de Biran un couple inséparable, et par perception il
entend cette connaissance réfléchie et réellement consciente qui, dans
l'impression, vient de nous et tout en appréhendant la sensation, nous
révèle à nous-même. Il soutient contre Bonnet[2] qu'entre la sensation et la perception il y a une différence, non de degré, mais de
nature.

Il est d'ailleurs et se targue d'être un disciple de l'école idéologique, dont les principaux représentants sont ses amis et ses patrons.
Il se pique de ne rien savoir du fond des choses. « Nous ne savons
rien sur la nature des forces; elles ne se manifestent à nous que par
leurs effets ; l'esprit humain observe ces effets, suit le fil de leurs diverses analogies, calcule leurs rapports, quand ils sont susceptibles de
mesure : là sont les bornes de sa puissance[3]. » Et s'il ne sait rien sur
l'essence des forces, il n'est pas plus renseigné sur les causes : « Dès
qu'on adopte la marche du physicien, on doit à son exemple ne s'occuper que du rapport et de la succession des phénomènes, en laissant
derrière soi et sous le voile qui les couvre les causes premières qui ne
sauraient jamais devenir pour l'homme objets de connaissance[4]. » Il
se croit en état d'hostilité contre l'ancienne métaphysique et il s'imagine qu'il lui doit une attaque dédaigneuse, comme tout bon cham-
pion du sensualisme établi : « Étudier seulement dans la réflexion
intime et dans les résultats (connus ou supposés) du jeu des organes,
ce que la métaphysique a longtemps recherché dans la nature de
l'âme même, c'est donc abandonner une *cause* dont nous ne connaissons que le nom, pour nous tenir aux faits d'expérience et d'observation qui sont de notre domaine propre ; c'est appliquer directement

---

[1] (Œuv. philo. publiées par V. Cousin, t. I, p. 294) *Conclusion*.

[2] *Ibid.*, p. 301.

[3] *Ibid.*, p. 17. *Introduction*.

[4] *Ibid.*, pp. 16-17.

à l'idéologie l'excellente méthode de philosopher, pratiquée avec tant de succès et dans tous les genres, par les bons esprits et les génies qui honorent le siècle[1]. »

Il est évidemment ébloui par la physique, par tous les préjugés des hommes distingués de son temps et il ne veut rien plus que « transporter la physique dans la métaphysique, à l'exemple de Condillac et de Bonnet[2] ». Toutefois la physique à laquelle il s'adresse n'est plus la physique mécanique du monde inorganique, cette physique mécanique du monde de Newton qui avait si justement ébranlé l'imagination et si exclusivement préoccupé les esprits du siècle précédent. C'est la physiologie où un élément nouveau, le mouvement réflexe, de quelque façon qu'on en interprète la nature, ne s'impose pas avec moins d'autorité à l'observation que dans l'ordre inorganique la gravitation même.

Il explique donc qu'il a voulu transporter dans l'idéologie, à la suite de Cabanis et des physiologistes, ce que ceux-ci considèrent dans les tissus sensibles et irritables comme forces *sensitives* et *motrices*[3]. Mais en transportant l'irritation dans l'idéologie, dans le monde moral, le voilà amené à reconnaître un élément d'activité qui, non seulement ne se présente pas dans un rapport mathématiquement observable avec la sensation, mais qui au contraire confère à celle-ci sa valeur en se discernant lui-même[4]. Et cette suggestion initiale le

---

[1] *Op. laud.*, p 17.

[2] *Ibid., ibid.*

[3] *Ibid.*, pp. 291-296.

[4] C'étaient déjà les mouvements réflexes qu'avait décrits sans précision Condillac dans la première édition du *Traité des sensations* (1754) particulièrement comme contracture spontanée des bras par plaisir ou douleur (v. Part. II, chap. iv). Dans la seconde édition (posthume, 1798) où il annonce qu'il se corrige (j'ai signalé plus haut l'attention accordée par Ravaisson à ce moment de la pensée de Condillac) plus d'importance est donnée à l'initiative de la statue et de sa main, au plaisir d'agir. Sa statue devient agitée et d'elle-même toute frétillante comme un enfant, car c'est la nature qui commence tout en nous (v. chap. iv, p. 178). En outre, quand la statue touche son propre corps, son corps partout lui répond : « c'est moi ». D'un corps étranger elle ne reçoit pas la même réponse (ch. v). Voilà déjà des germes pour Maine de Biran. Depuis lors, Destutt de Tracy avait plus expressément restitué le sentiment intérieur du mouvement dans la « motilité » et entrevu la volonté dans la faculté de percevoir nos désirs : faibles commencements d'une doctrine de la réflexion.

met sur sa propre voie qui est de s'enfoncer dans le sens de l'intériorité du moi. La doctrine est, pourrait-on dire, à l'état idéo-physiologique et serait convenablement représentée par la figure ci-jointe où C marque le centre actif, la ligne SC le système sensitif et la ligne CM le système moteur ou plutôt « contre-moteur[1] » et volontaire[2]. Le centre C, en réagissant sous la sensation apportée selon SC, fait un effort moteur CM, et c'est dans cet effort actif que le moi se connaît. Destutt de Tracy, dans son rapport, donne une interprétation juste, en disant que selon la pensée de l'auteur du mémoire, l'impression d'effort donnerait lieu à la connaissance du moi[3].

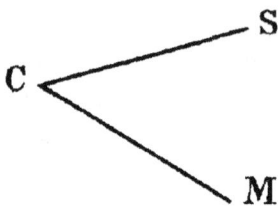

Dès l'année qui suit, Maine de Biran, fort du principe intérieur où il s'appuie, tend à se hausser au-dessus de la préoccupation d'une science qui ramènerait tout à des équations : l'idéologie ne doit pas s'en laisser imposer par les mathématiques, c'est à elle au contraire de leur faire la leçon[4]. La pensée avance et se fortifie à travers maints travaux pendant une dizaine d'années[5]. Dans l'*Essai sur les fondements de la psychologie et sur ses rapports avec l'étude de la nature*[6], en 1812, elle a abouti à un nouvel état qu'on peut appeler psycho-physiologique.

« Le fait primitif... n'est point [comme l'avaient cru les sensualistes et les idéologues] la sensation toute seule, mais *l'idée* de la

---

[1] *Op. laud.*, p. 49. *Introduction.*

[2] *Ibid.*, p. 294. *Conclusion.*

[3] *Ibid.*, p. 317.

[4] V *Rapports de l'idéologie et des mathématiques* (publié par Bertrand. Biblioth. de la Fac. d. Lettres de Lyon, t. II). Les deux termes sensation et irritation ne se laissant pas ramener à l'équation mathématique, la doctrine qui se fonde sur le fait physiologique de l'irritation a dépassé tout de suite l'enceinte des mathématiques, la *langue des calculs*, ou plutôt la science psychologique par calcul de Condillac.

[5] « Se sentir actif, c'est se sentir agir soi-même, c'est sentir l'existence et la présence de la cause qui est moi. » *Considérations sur le sommeil, les songes et le somnambulisme* (Œuvr. publiées par V. Cousin, t. II, p. 300) ; datent de 1808 à 1811.

[6] Œuvr. publiées par Naville, t. I.

sensation, qui n'a lieu qu'autant que l'impression sensible concourt avec l'individualité personnelle du moi[1] », c'est-à-dire que le fait primitif, c'est « l'aperception immédiate du moi », c'est « le sens intime » par lequel nous savons que nous sommes maîtres de nous, que nous commençons librement une action ou une série d'actions, pouvoir qui se vérifie d'ailleurs immédiatement par cela même qu'il s'exerce[2].

Il n'en faudrait pourtant pas « conclure que le fait de conscience est borné à un seul terme, le sujet absolu..... au contraire il est une véritable dualité, ou un rapport à deux termes de nature homogène; [car] rien n'est dans la conscience qu'à titre de rapport; et pour qu'un rapport soit dans la conscience, il faut que ses deux termes y soient également, sinon comme substance et attribut, du moins comme cause et effet[3] ».

Pour éclaircir cette doctrine et la bien entendre, on peut imaginer une nouvelle figure, où CM représente les multiples centres organiques en qui se fait la contraction de l'effort voulu, où OS représente l'objet senti et les lignes R le rapport de cet objet à ces centres. Nous avons ainsi les points d'émission de l'activité et les points d'application séparés comme il faut, puisque le fait primitif doit comporter une dualité et que Boutewerck a dit avec justesse : « L'effort et l'activité ne peuvent être connus que par la séparation du sujet qui fait effort et des objets qui résistent[4]. » D'ailleurs l'objet qui résiste peut être considéré dans le corps lui-même, car l'inertie est la « loi du corps[5] », et Maine de Biran assimile toujours l'inertie matérielle à une résistance[6].

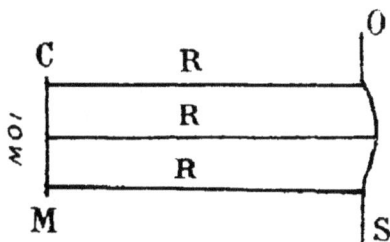

---

[1] *Introduction générale*, II. Détermination du fait primitif du sens intime. p. 39.

[2] *Ibid.*, V. p. 91.

[3] *Op. laud.*, part I, sect. I, ch. 1, p. 152.

[4] *Ibid.*, part. I, sect. II, ch. 1. p. 206.

[5] *Considérations sur les principes d'une division des faits psychologiques et physiologiques.* Œuv. publiés par V. Cousin, t. III, p. 197.

[6] V. *De l'aperception immédiate*, même tome, p. 93.

Les choses ainsi posées, ce qu'il faut bien comprendre, c'est que l'initiative et le mouvement qui, dans le sensualisme, viennent toujours du dehors, par un renversement cette fois décisif et qui marque un nouveau moment de la pensée philosophique, viennent ici du côté, de la part du sujet : il y a d'abord « débandement du ressort central[1] » CM, effort. Ce débandement produit une poussée sur l'objet, et c'est ce que j'ai figuré par l'inflexion de la ligne OS. A lui seul, ce débandement ne donnerait qu'une « perception obscure... un sentiment vague et confus d'existence auquel se trouvent réduites peut-être plusieurs espèces d'animaux ». Mais il y a « un second instant » où l'effort de la contraction est rapporté aux centres d'où il est parti, où « la sensation musculaire prend alors ce caractère de redoublement[2] qui constitue l'aperception interne de l'effort, inséparable d'une résistance ». L'effort physiologique a été dirigé de CM en OS selon les lignes RRR, il est selon les mêmes lignes rapporté de OS à CM : c'est un rapport. Mais ce n'est pas tout, et c'est par là que ce processus passe la physiologie pour accuser son caractère psychologique : « à cette aperception interne de l'effort, inséparable d'une résistance..... correspond l'aperception intime du *moi* qui se connaît en se distinguant du terme résistant[3] ». Si dans ce terme résistant on enveloppe, comme il convient, notre corps lui-même qui, tout vivant qu'il est, résiste à titre de matière, il se trouve que « le fait primitif va se résoudre dans un premier effort où l'analyse peut encore distinguer deux éléments : une force hyperorganique naturellement en rapport avec une résistance vivante[4] ». Le moi connaît d'abord son corps soumis à son impulsion comme une seule masse[5], mais le système musculaire étant naturellement divisé en plusieurs systèmes

---

[1] *Essai sur les fondements de la psychologie.* etc OEuv. publiées par Naville, t. I, part. I, sect. II, ch i. « de l'effort. etc ». p. 212.

[2] Il lui arrivera de dire avec Bacon : « réduplication » V. *Nouvelles considerations sur les rapports du physique et du moral.* OEuv publiées par Cousin. t. IV, p. 88.

[3] *Ibid.*, p. 213. On ne saurait oublier ici que la doctrine de Leibniz, dont Maine de Biran donna plus tard (1819) une exposition célèbre, distinguait déjà la perception de l'aperception et fondait la connaissance du moi sur des *actes réflexifs* ; mais elle rattachait ceux-ci à la connaissance des *vérités nécessaires.* V. particulièrement *Monadologie*, §§ 14, 29, 30.

[4] *Ibid.*, p. 217.

[5] *Ibid.*, ch. iii, p. 236.

partiels qui offrent autant de terrains distincts à la volonté motrice, « plus ces points de division se multiplient, plus l'aperception immédiate interne s'éclaire et se distingue, plus l'individualité ou l'unité du sujet permanent de l'effort se manifeste par son opposition même avec la pluralité et la variété des mobiles[1]. »

En somme, derrière les points de contraction CM, il y a une force hyperorganique, le *moi*[2] ; mais nous ne la touchons pas comme substance. Comment donc la connaissons-nous comme cause? C'est qu'il s'établit entre elle et CM le même rapport qu'entre CM et OS. C'est comme si entre le *moi* et CM il y avait de nouveau la même figure qui se déploie entre CM et OS ; mais cette figure est pour ainsi dire tassée sur la ligne CM où le moi s'applique. Il s'y applique, mais il n'y a pas moins un rapport analytiquement discernable entre les deux termes, et c'est seulement quand son « je veux » lui a été renvoyé de CM dans le sens du rapport, que le *moi* s'aperçoit lui-même distinctement ; et comme il s'applique immédiatement à CM, résistance vivante, on peut dire, quoiqu'il y ait rapport du second terme au premier, que l'aperception du moi comme force, comme cause, est immédiate.

Cependant, pour passer de l'aperception du moi à l'idée, à la notion substantielle du sujet, il faut l'intervention de la raison. En effet, nous ne touchons aucun *substratum*, et du même coup aucune substance n'est représentable à l'imagination ; mais « la raison n'en est pas moins nécessitée à admettre ou à supposer la réalité du sujet ou de l'antécédent[3] ; » c'est-à-dire que la force causale est aperçue par réflexion comme *moi*, mais elle n'est ni touchée par elle-même, ni représentée visiblement à elle-même, et l'idée ou notion abstraite que nous en avons comme d'un sujet un et substantiel. nous sommes nécessités à l'avoir par une réflexion inévitable de la raison sur le sentiment primitif de notre effort et de notre causalité propres.

Ainsi la doctrine à la fois intense et concrète de Maine de Biran recule, pour ainsi dire, de réflexion en réflexion, sans qu'il en distingue toujours bien lui même les divers ressauts. Plein d'une vie

---

[1] *Op. laud.*, p. 237.
[2] *Ibid.*, *ibid.*
[3] *Ibid.*, ch. IV, I, p. 355.

admirable, dont il ne peut ni épuiser le fonds ni même bien connaître la loi, jamais il ne maîtrise ni ne contient une bonne fois son exposition riche et abondante pour se rassembler et s'offrir dans une formule complète et saisissable; sa pensée fait effort et tend à s'exprimer plus qu'elle ne s'exprime; elle veut et en même temps elle sent qu'elle ne peut. Lui-même, dans son journal[1], constate péniblement une sorte d'obscurité qui lui demeure après tous ses travaux.

La doctrine a traversé la région idéo-physiologique; dix ans après, avec l'*Essai sur les fondements de la psychologie* (1812), elle est entrée franchement dans la zone psycho-physiologique et elle a effleuré la zone rationnelle. Un moment vint où elle s'éleva et tendit à s'établir dans la psychologie toute spiritualiste, mais ce fut une tendance, une tentative, un effort encore, plutôt qu'un acte tout à fait décisif.

A considérer certains passages, soit du journal, soit des travaux philosophiques écrits de 1820 à 1825, c'est-à-dire après une nouvelle période d'une dizaine d'années environ, on est en droit d'estimer que l'effort intime, même dépourvu de points visibles ou matériels d'insertion, suffit, aux yeux de notre philosophe, pour nous donner l'aperception immédiate de notre moi.

On lit dans le *Journal* (avril 1821) : « Nous faisons et nous pouvons très peu, si même nous pouvons quelque chose pour nous modifier et diriger nos facultés. » Il sait que nous pouvons nous y efforcer, il ne nie pas que cet effort puisse avoir des effets, mais il doute s'il les voit se produire tout de bon ; et son lecteur soupçonne que, pour s'affirmer, il a assez de l'effort moral, même inefficace, en lutte contre les résistances dispersées des appétits, contre le poids naturel des inclinations intérieures, contre les directions où penche le premier tempérament de l'esprit[2].

---

[1] V. 6-11 juillet 1818.

[2] Cf. *15 août 1823.* J'ai décrit dans mon ouvrage *L'âme et l'évolution de la littérature*, t. II, p. 227, art. *Amiel*, l'étrange processus par lequel la concentration du moi aboutit à sa diffusion au dehors. Maine de Biran présente le phénomène contraire, qui n'est pas moins intéressant. A parcourir son journal, à connaître sa vie, j'ajoute : à prendre le sentiment de son style, on s'aperçoit qu'il part toujours d'une extrême diffusion de sa personnalité hors de lui, dans les événements, les choses,

Et d'autre part, dans les *Nouveaux essais d'anthropologie ou de la science de l'homme intérieur* (1823 et 1824) il médite : « L'expérience intérieure nous induit à distinguer ce qui reste toujours confondu dans le même fait de conscience, savoir le vouloir et son résultat organique. » Il considère donc, cette fois sur le terrain physiologique, ce même cas de la volonté inefficace et il est disposé à se contenter du sentiment même de l'impuissance : « Supposez, en effet, qu'au moment où je veux lever mon bras, il soit frappé de paralysie, le vouloir et l'effort auront lieu, mais sans résultat organique, par défaut naturel de communication. Au sentiment de la cause se joindra alors une sorte de mode privatif, ou le sentiment du manque de l'effet accoutumé. » Et la doctrine n'est-elle pas infiniment près d'être toute spiritualiste, quand il ajoute : « De là, nous pouvons conclure que c'est par habitude et non point par nature (ou par l'idée innée qu'a l'âme de son union avec le corps) que le mouvement corporel musculaire devient l'objet immédiat du vouloir de l'âme : ce vouloir ne pouvant avoir primitivement d'autre objet immédiat que l'effort même déployé sur le centre organique d'où partent les premières déterminations motrices. Ce centre, qui est celui de l'âme sensitive, n'est soumis qu'en partie à la force de l'âme. Il fonctionne seul dans tous les actes, mouvements internes ou externes, impressions ou affections de la vie animale... Il n'existe point alors... de personnalité, parce qu'il n'y a pas de déploiement de la force libre, par qui seule l'âme humaine se manifeste à titre de *moi*. Que faut-il donc pour cette manifestation ? Que le centre de l'âme sensitive passe sous la direction de la force libre qui est l'essence de l'âme humaine [1]. »

Voici donc qu'il ne s'agit que de l'effort d'une âme sur une âme, du moi ou âme humaine sur l'âme sensitive, pourvue, il est vrai, d'un

---

les occupations, les plus menus faits, les impressions ambiantes, toutes les sollicitations matérielles et mentales, pour rentrer en lui-même, se concentrer, qu'il tend ainsi à revenir sur soi, qu'il le veut, qu'il fait effort pour le vouloir, et que dans le débandement de son profond effort et la faiblesse réelle de sa volonté, il ne s'atteint jamais bien ou se dépasse infiniment ; il est toujours à côté de lui-même et ne sait pas précisément ce qu'il fait.

[1] *Nouveaux essais d'anthropologie*, etc. « Vie humaine, III. Origines du vouloir et de la personnalité. » Œuv. publiées par Naville, t. III, pp. 475-477.

centre organique. Ceci posé, le réflexe psycho-physique jusqu'ici décrit n'est plus que le contre-coup d'un débandement tout psychique dans ses deux termes et qui a lieu dans la région de la seule spiritualité ; le réflexe inférieur n'est qu'une sorte de symbole du réflexe supérieur tout spirituel. Il ajoute, en effet, que l'âme se manifeste à elle-même par son action immédiate sur l'âme sensitive motrice dans le sentiment de son effort « immanent » qu'il distingue de l'effort « exercé sur le terme organique » ; que cet effort-ci où la physiologie est intéressée n'est dans notre organisation que le « symbole » de « l'origine de notre personnalité » ; qu' « il faut chercher par l'expérience intérieure ou l'observation psychologique ce qui manque évidemment à la physiologie pour la détermination du fait primitif de conscience » ; qu'ainsi « on peut parvenir à mieux circonscrire ce fait, en le rattachant aux conditions physiologiques qui le précèdent et l'amènent sans se confondre avec lui[1] ».

Ne semble-t-il pas que la considération de toute matière inerte et objective soit ici chassée ; qu'un terme spirituel d'application, celle-

---

[1] *Op. laud.*, pp. 477-479. On pourrait peut-être discerner dans chaque stade de la pensée de Biran les commencements du mouvement qui l'emportera plus loin et plus haut. Vers 1802-1803, la considération de l'irritabilité l'entraînait à dépasser les mathématiques et à construire le réflexe psycho-physiologique autonome, bien établi en 1812. Dès lors, on peut lire dans l'*Essai sur les fondements de la psychologie* des passages comme ceux-ci : « La connaissance du moi peut être séparée dans son principe de celle de l'univers extérieur..... Le caractère essentiel du fait primitif consiste en ce que ni l'un ni l'autre des termes du rapport fondamental n'est constitué en dépendance nécessaire des impressions du dehors », et ceci semble bien annoncer ce que nous venons de trouver en 1822-1823. Cependant il signifiait seulement par là que le principe de la connaissance du moi est l'effort venu du dedans, que le rapport où le moi se connaît n'est pas toujours provoqué par les impressions du dehors, et il se reprenait, se retenait, s'expliquait dans une phrase comme celle-ci : « L'effort cause le moi à l'aperception interne de son existence dès qu'il peut distinguer cette cause qui est lui de l'effet ou de la contraction rapportée au terme organique qui n'est plus lui et qu'il met au dehors. » (Part. II, sect. I, ch. I. Œuv. publiées par Naville, t. I, pp. 216-217.) Ainsi il faut positivement un « terme organique », bien que celui-ci soit « au dehors ». Maintenant, en 1822-1823, le terme organique, pourvu qu'il ait été jadis donné, suffit, même par son absence, sous la forme négative de « mode privatif ». Et pourtant Maine de Biran va encore s'arrêter Il est divers, il est un. De là la difficulté de bien pénétrer sa complexité, moins changeante que croissante.

i fût-elle suivie d'effets nuls, soit tout ce qu'il faut : qu'ainsi le moi
se connaisse par l'acte d'une volonté, d'un « Je veux » où le corps
ne se ferait plus sentir par sa masse rebelle ; que nous soyons enfin
dans la zone de la psychologie toute seule ? Qui en douterait, sinon
Maine de Biran ? Là peut-être était la plus belle intuition, mais il ne
l'a pas suivie. Il a craint d'y obéir. Dans ces pages mêmes il ne peut
se débarrasser franchement du réflexe psycho-physique d'où il a pris
son élan et qui tout à coup, au lieu de s'enfoncer sous lui, le tire en
bas. Qu'on lise les lignes que nous avons dû tout à l'heure, pour
leur donner toute leur force, interpréter dans un sens spiritualiste, et
on sentira l'hésitation du mouvement dont nous avons pour ainsi
dire complété la trajectoire : « Lorsque la détermination ou tendance
organique du centre moteur s'effectue par une action immédiate de
l'âme qui commence le mouvement, et alors seulement, l'âme commence à se manifester à elle-même intérieurement, à titre de force
agissante, force *sui juris,* qui n'a rien d'extérieur ou d'antérieur qui
l'a provoqué, force *moi,* une, simple, identique, et toujours la même,
indestructible par sa nature, la même aussi quant au sentiment de
son effort immanent ou exercé sur le terme organique, en qui et par
qui elle se manifeste[1]. » Il est clair qu'un tel texte ne saurait être
entendu comme la description d'actions toutes spirituelles, ainsi que
nous avons fait, qu'à cause que le « centre organique » et « moteur »
a été attribué plus haut à une « âme sensitive »; mais ici elle a
disparu et il n'est resté que ce « centre moteur », ce « terme organique » lui-même. Sommes-nous bien sortis de la psycho-physio-
logie ? Maine de Biran ne peut se résoudre à couper le lien qui l'y
attache. Ici même il ajoute en note : « S'il est impossible de concevoir une force agissante sans un terme quelconque de déploiement,
l'indestructibilité de l'âme doit emporter avec elle celle de quelque
terme organique qui lui a été approprié depuis l'origine. Tel est le
point de vue de Leibniz développé par Charles Bonnet dans sa
Palingénésie philosophique. Voyez dans cet ouvrage l'emploi si ingénieux de la parabole « du grain semé en terre, de l'enveloppement du
papillon dans la chrysalide et des diverses métamorphoses d'insec-
es ». En somme, il ne voit pas comment l'âme se pourrait jamais

---

[1] *Nouveaux essais d'anthropologie,* etc., *ibid.,* p. 477.

connaître sans un « terme organique » de résistance et, par suite, il
ne sait trop s'il ne doit pas lui donner à remuer, de tout temps, un
autre corps que ce corps périssable que nous voyons et où se déploie
la physiologie naturelle de l'effort. Ce corps supérieur sera-t-il conçu
d'après les suggestions idéalistes de Leibniz ? Notre vie matérielle
n'est-elle qu'un symbole de ce couple psychique et corporel qui se
cacherait derrière elle ? et quant au symbolisme, ce Bonnet, qu'il a
combattu jadis tout en le vénérant, aurait-il raison ? Nobles doutes !
Hauts et troublants pressentiments ! après lesquels, toutefois, il reste
que la connaissance du moi par lui-même ne résulte pas directement de l'introspection métaphysique et ne peut se faire qu'à travers
des phénomènes organiques, de quelque nature qu'ils soient ou qu'on
les imagine [1].

Maine de Biran est donc demeuré fidèle jusqu'au bout à l'opinion
qu'il avait reçue de ses maîtres et de la philosophie du xviiie siècle,
que jamais nous n'atteignons directement, jamais nous ne tenons
la réalité du moi. « Là précisément où finit toute existence sensible
ou phénoménique commence la réalité de l'être simple, force, cause,
unité nouménique de la notion ou du concept intellectuel réflexif,
sous lequel le sujet pensant s'abstrait lui-même ou abstrait, des intuitions quelconques, des éléments d'une nature homogène à la sienne.
Ici, c'est l'abstrait vivant ou actif, comme la force qui a son type
dans le sujet et qui se réfléchit en quelque sorte dans l'objet, où elle

---

[1] Biran ne peut rien concevoir que sous la forme d'un couple ou, comme il dit,
parlant le langage du temps, d'un « rapport » dont l'un des deux termes est une
force et l'autre un objet de cette force où elle se réfléchit, tous deux ensemble un
réflexe. Toujours las de l'effort dont il eut, à cause de sa faiblesse même, un sentiment si vif, il aspirait à se reposer dans la région de l'esprit, la sienne assurément,
à y être emporté sans avoir la peine de vouloir, sous la suggestion somnambulique
et dans la contrainte irrésistible de la grâce. C'est qu'il se représente la grâce comme
un suprême et dernier réflexe où nous sommes la matière inerte et l'action de Dieu
la force causale : « Dieu est à l'âme humaine ce que l'âme est au corps » (N. E.
d'anthrop. « Vie de l'esprit », III, p. 548). Toujours il aspira à l'inactivité, comme
on le voit par cette doctrine mystique, à mon gré peu exacte. Ce réflexe suprême
se superpose à trois autres, si on en compte un proprement spiritualiste entre le
psycho-physique et le rationnel, et sans compter le réflexe idéo-physiologique qui a
été mis de côté après avoir servi de point de départ à la doctrine.

retrouve l'unité, l'indivisibilité, premiers attributs de sa nature[1]. »
Ainsi le sujet se connaît bien comme force, comme cause, mais au
delà il ne pose plus (il est vrai que la raison l'y nécessite) que l'unité
nouménique de la notion ou du concept réflexif ; le sujet pensant
dans son unité vivante n'est qu'un abstrait, encore qu'il s'abstraie
lui-même. Comment sera-t-il assuré que cette abstraction lui fournit
autre chose qu'une illusion ? Le sujet, s'il existe, est-il sage d'aller
chercher ses propres attributs dans l'objet, qui aussi bien n'a ni unité,
ni simplicité, ni indivisibilité, et où il est supposé les mettre ? Mais
comment ? Et qui le prouve ?

Bien que « cette espèce d'abstraction ne ressemble à aucune
autre », qu'elle soit l'œuvre d' « une sorte d'instinct[2] », le moi réel
de Biran est abstrait et déduit comme le moi de la doctrine de Kant,
à qui il reprochait pourtant, une dizaine d'années auparavant, que
l'objet et le sujet sont chez lui deux « abstractions[3] ». Le moi
demeure pour lui objet de croyance, comme il l'est pour Kant au
delà de l'aperception pure, Kant s'appuyant sur l'ordre moral, Biran
sur l'ordre physiologique, chacun d'eux conformément à ses origines
respectives.

XIII

Ravaisson, que j'appellerais volontiers, selon la mode du moyen
âge, le philosophe admirable, *doctor mirabilis*, ne cessa jamais d'être
disciple de Maine de Biran et de se donner pour tel. En 1840, il
écrivait : « Descartes cherchait quelque chose d'inébranlable *(aliquid
inconcussum)* sur quoi pût être assis l'édifice de la philosophie. Cette
base est trouvée[4]. » Il avait dès lors une connaissance parfaite et une
prodigieuse intelligence du système de Kant comme de tous les
autres, sauf la philosophie du moyen âge et la philosophie du chris-

---

[1] *De l'aperception immédiate.* Œuv. publiées par V. Cousin. t. III, pp. 124-125 ;
date de la toute dernière période, vers 1823-1824.

[2] *Nouveaux essais d'anthropologie.* « Avant-propos », p. 329.

[3] *Essai sur les fondements de la psychologie,* etc. Part. I, sect. I, ch. I. « Systèmes
divers de philosophie. III.... de Kant. » Œuv. publiées par Naville, t. I, p. 168.

[4] *Revue des Deux-Mondes,* année 1840 « Philosophie contemporaine », p. 420.

tianisme, qu'il effleura plutôt qu'il ne les pénétra. Il lui semblait (
tout ce qu'il pouvait y avoir de bon et de solide dans les recherch
et les travaux de Kant se prêtait à être assimilé et dominé par la do
trine de Biran, que Kant. par la partie morale de sa philosoph
avait tendu vers le point que Biran avait touché[1], et que pour l'esse
tiel, c'est-à-dire la connaissance du moi, la doctrine de Biran ruir
celle de son devancier. Il ne paraît pas s'être ému le moins du mor
des adhésions que provoqua en France, de plus en plus nombreu
et de moins en moins réfléchies, la philosophie kantienne, e
demeura jusqu'à la fin dans sa haute sérénité.

Toutefois il crut, non pas nécessaire[2], mais bon de fortifier
philosophie de Biran en l'allégeant de la substance inconnue qu'
avait toujours supposée, tandis qu'elle se confessait hors d'état
l'atteindre. Pourquoi cette impuissance ? « Parce que [selon Biran
substance est le *sujet passif* des modifications, que nous ne n
savons nous-mêmes qu'à titre de libre activité. et que, par con
quent, nous ne saurons jamais ce que nous sommes dans le passi
dans le fond de notre être. Ainsi la volonté serait la fin de notre c
naissance de nous-mêmes. Au delà un abîme sans mesure, une r
impénétrable[3]. »

Pour Ravaisson, tout nourri de philosophie aristotélicienne et
pour ainsi dire se reconnaissait lui-même dans la doctrine de l'a
pur, Biran a été victime d'une illusion en maintenant hypothétiq
ment une substance inerte au-dessous du sens intime. Bien pl
fallait-il découvrir dans ce sens intime un point de vue plus intéri
encore que la force active et même tout à fait intérieur où l'âme,
de se trouver inerte. s'apercevrait en son fond. qui est tout activi
Ainsi il croyait recevoir de Maine de Biran beaucoup plus que ce
ci n'avait prétendu apporter ; il pensait toucher dans l'acte volont
dont nous avons conscience l'absolu de notre substance, à condi
d'approfondir et d'explorer la nature de notre volonté déjà subs
tielle[5]. « Il nous semble... que dans la conscience la volonté

---

[1] *La philosophie en France au XIXe siècle*. Rapport (1868), IX.
[2] *Rapport*, II.
[3] *Rev. des D.-M.* (1840), art. cit., p. 420.
[4] *Rapport*, II.
[5] *Ibid*.

pourrait se suffire et que hors la réalité substantielle dont on la sépare, elle n'est qu'une abstraction [1]. » Il partait de là pour mettre en lumière, tout au fond de la volonté et comme sa substance même, l'amour, tandis qu'entre la volonté et l'amour, le désir servait de moyen terme ou, pour mieux dire, de trait d'union. Cette belle théorie lui permettait d'appeler surnaturel et métaphysique [2] ce que Biran ne désignait guère que du terme d'hyperorganique, de donner à toute sa pensée une allure merveilleusement dynamique, de remplacer le modeste sens intime par le « cœur » uni à « l'esprit de feu » et d'achever la philosophie, comme avait fait d'ailleurs Biran et comme il convient, par une doctrine de la grâce [3].

Toutefois cette construction, amplifiée du sens intime, n'ajoutait rien à la certitude que nous pouvions tirer du sens intime lui-même touchant la réalité vraiment personnelle de notre substance ; car ni le désir ni l'amour n'attestaient mieux que la volonté que nous fussions une personne pour soi, ni que notre moi fût cette personne. La théorie de Ravaisson, sur ce point, valait exactement ce que valait la doctrine de Biran, pour qui la réalité intelligible de notre moi n'avait jamais été qu'une unité nouménique que la raison posait nécessairement sans la toucher, en somme un substrat hypothétique de l'aperception pure, comme eût dit Kant. Pour Ravaisson comme pour Biran, le moi demeurait une croyance, la seule hypothèse réfléchie qui pût satisfaire aux faits et réussir, une hypothèse donc comme il en faut à Pascal, mais rien de plus. Et pour Ravaisson, bien qu'il ait cru devoir excepter de cette loi la connaissance de Dieu par Lui-même [4], la connaissance du moi ne saurait avoir lieu que par réflexion sur l'objet : « Dans l'unité absolument indivisible de la simple intuition d'un objet simple [de l'âme par l'âme] la science s'évanouit, et par conséquent la conscience [5]. »

C'était donc le sentiment de l'effort, la réflexion de la force qui demeurait le ressort du système ; le principe en était pris de la phy-

---

[1] *Rev. des D.-M.*, 1840, pp. 424-425.

[2] *Rapport*, II.

[3] V. *Testament philosophique (alias : « La philosophie héroïque »)* Rev. de métaph. et de morale, janvier 1901, p. 31.

[4] *Rapport*, XXXVI.

[5] Thèse sur *l'Habitude*, II

sique. Ce vice originel ne pouvait toujours échapper à la perspicacité de la critique. M. Lachelier fut celui qui le mit à découvert dans une page de la thèse sur le *Fondement de l'induction*, page d'une grande densité et qui tout au moins porte coup : « Une dernière et profonde modification de la doctrine des substances et des causes consiste à remplacer ces deux mots par celui de *force*, et à dire que nous percevons immédiatement, par une sorte de sens spécial, le conflit de notre force avec les forces étrangères. Le fait que l'on constate est certain, mais il est certain aussi que l'on se contente de constater un fait et que l'on renonce à démontrer un principe : car le sens dont on parle nous apprend bien que notre mouvement est produit par une force et nous fait même reconnaître indirectement l'action d'une autre force dans la résistance qu'il rencontre : mais ce sens est évidemment impuissant à nous apprendre que tous les mouvements qui s'exécutent dans l'univers sont produits ou arrêtés par des forces semblables. De plus, lorsqu'on parle des forces comme de choses en soi, on se figure sous ce nom je ne sais quels êtres spirituels, dont chacun est chargé d'imprimer le mouvement, soit à un corps vivant, soit à une masse de matière inorganique : or c'est là une supposition qui n'est pas seulement gratuite, mais qui est absolument démentie par l'expérience. On peut bien dire qu'un astre en mouvement est animé d'une seule force, mais il est absurde de se représenter cette force comme un être simple et indivisible : car si cet astre vient à se briser en plusieurs fragments qui continuent à marcher chacun de son côté, on est bien obligé de reconnaître que la force totale qui l'animait s'est décomposée en autant de forces partielles qu'il y avait de fragments à mouvoir. Nous savons que notre énergie musculaire peut, sous l'influence de notre volonté, se concentrer dans un seul effort, mais nous ne savons point si elle procède d'un seul foyer, ou plutôt nous savons certainement le contraire : car, pendant qu'une partie de cette énergie reste soumise à notre direction, une autre peut déterminer, dans quelques-uns de nos membres, des mouvements convulsifs qui ne diffèrent pas en eux-mêmes des mouvements volontaires. Ainsi, non seulement rien ne nous autorise à affirmer que l'univers soit un système de forces, mais l'existence de notre propre force, dans le sens où l'on prend ce mot, est une fiction insoutenable ; la force n'est pas plus une chose en soi que l'étendue, dont elle est, du reste, inséparable, et la sensation particulière qui nous en atteste la

présence ne nous fait pas faire un seul pas hors de la sphère des phénomènes. Seulement, lorsqu'on se borne à dire que les phénomènes
reposent sur un *substratum* inaccessible aux sens, si l'on ne nous
donne pas une idée précise de ce *substratum*, on nous laisse libres du
moins de le concevoir à notre guise, ou plutôt on nous détermine
presque irrésistiblement à en chercher le type dans notre propre
pensée ; lorsqu'on croit, au contraire, saisir immédiatement ce *substratum* dans chaque effort volontaire, on déclare sans détour que la
tendance au mouvement ne procède que d'elle-même : les chimé-
riques entités dans lesquelles on essaie de la réaliser ne tardent pas à
s'évanouir, et l'on nous laisse, en définitive, en présence d'un pur
phénomène, chargé de s'expliquer lui-même et d'expliquer tous les
autres. Une métaphysique qui cherche son point d'appui dans
l'expérience est bien près d'abdiquer entre les mains de la physique[1]. »

Rien ne prouve, en effet, qu'une force sentie soit une ; Biran lui-
même, si profond, le savait bien, qui, derrière la force cause, n'a
jamais cessé de supposer l'unité nouménique du moi à titre de
croyance et qui, sous ce moi intelligible, entrevoyait encore la substance comme une racine dans l'abîme.

XIV

La critique que fait M. Lachelier du sentiment du libre arbitre n'est
pas, à beaucoup près, aussi redoutable que celle que nous venons
d'enregistrer relativement à la portée du sens de l'effort. C'est qu'ici
encore il est préoccupé de l'idée de force et il porte tout le débat sur
le terrain de la physique : « Le mécanisme extérieur de nos actions
ne pourrait être l'objet d'aucun doute, si l'expérience intérieure ne
prononçait, suivant quelques philosophes, en faveur d'une liberté
d'indifférence absolument inconciliable avec ce mécanisme... il est
aisé de montrer que, sur ce point, la prétendue décision de l'expérience intérieure est contraire, non seulement à la loi suprême de
toute expérience, mais encore aux données d'une observation atten-

---

[1] *Du fondement de l'induction*, III, pp. 40-42.

tive.. Il est certain que l'homme qui a besoin d'une guinée, et dont la bourse ne contient que des pièces de cette nature, prend au hasard la première que ses doigts rencontrent : mais placez seulement deux guinées sur une table et essayez d'en choisir une sans aucune espèce de motif; ou bien levez la main, comme le propose Bossuet, et voyez si, en vertu de votre libre arbitre, vous pourrez la pencher arbitrairement à droite ou à gauche. Sera-ce à droite ? Non, car ce mouvement vous a probablement paru le plus naturel. Ce sera donc à gauche. Non, car vous avez maintenant un motif pour éviter la droite. Il faudra donc en revenir à la droite : mais il est clair que vous n'en serez pas plus avancé ; et la question pourrait rester longtemps pendante, si la fatigue ne finissait par la trancher, pendant un moment de distraction, en faveur du mouvement le plus commode[1]. »

M. Lachelier me propose de tourner ma main à droite ou à gauche, de faire D ou G. J'avoue que par ce procédé je ne saurais démontrer mon libre arbitre à celui qui le nie, car l'acte produit, quel qu'il soit, on supposera toujours qu'il tombe sous le coup du mécanisme et qu'il en résulte.

Mais l'éminent dialecticien a négligé la solution qui va justement prouver mon libre arbitre, quoiqu'il en ait passé bien près. Il me propose de faire D ou G, de choisir entre la droite et la gauche. Je ne choisis pas ; je suis indifférent à la gauche, je suis indifférent à la droite. La question ne sera pas seulement « longtemps pendante », elle le sera toujours. La fatigue contraindra bien ma main à tourner à droite ou à gauche, ou l'ordre du mécanisme physique la maintiendra en place, je m'en désintéresse. Je reste en suspens entre D et G, entre D et non-D, entre G et non-G, et je conçois la possibilité de rester éternellement dans cette situation : ἐποχή.

Quelqu'un veut me suivre sur ce terrain et me dit que je n'ai rien gagné à cette retraite, que je n'ai fait que poser les deux nouveaux termes d'une alternative, qu'il faut bien toujours que je prenne un parti, celui de l'action ou celui de l'indifférence.

Celui qui me fait cette objection montre bien qu'il n'a pas saisi toute la vertu du pyrrhonisme, qui consiste en ceci que, mis en présence de cette nouvelle alternative, je demeure en suspens dans l'in-

[1] *Du fondement de l'induction*, V, pp. 72-74.

différence entre l'action et l'indifférence, dans cette « ambiguïté ambiguë » d'où il est à tout jamais et infiniment impossible de me faire sortir[1], dût-on me harceler d'une infinité d'alternatives et de questions : tâche plus vaine que de battre l'eau et qui ressemblerait plutôt aux efforts éperdus que ferait un furieux pour émouvoir avec un aiguillon une ombre.

Il y a donc en moi un pouvoir infini de me réserver totalement, de me garder en suspens, quelque motif d'action qu'on me propose, quelque nécessité d'action qu'on prétende m'imposer, autant dire selon le langage coutumier : il y a en moi un infini pouvoir de doute.

J'engage cependant celui qui me poursuit à ne pas me quitter sans avoir tenté de me faire sortir de mon infinie apathie par une suprême objurgation et comme par une dernière insulte : « Vous sur qui rien n'a prise, êtes-vous ou n'êtes-vous rien? »

Je sais très bien qu'à cela même je pourrais répondre par l'attitude de l'indifférence au oui et au non, mais je sais aussi qu'en le faisant, je serais fou, et cette fois je réponds avec une entière fermeté et une parfaite certitude : « Je suis. »

De quoi s'agissait-il entre le mécaniste et moi? Il niait ma liberté et je prétendais justifier la conscience que j'en ai. Je lui ai d'abord montré que la liberté dite d'indifférence, en tant qu'elle est réelle, ne consistait pas à choisir arbitrairement entre deux termes d'action dont la parité dans la nature est un cas pour ainsi dire mathématiquement impossible, mais à demeurer indifférent entre ces deux termes, malgré leur inégalité même et la prépondérance immanquable de l'un des deux. Je lui ai montré que ce pouvoir était en moi infini. Mainte-

---

[1] « Des trois actions de l'ame, l'imaginative, l'appetitive et la consentante, ils en reçoivent les deux premieres : la derniere, ils la soutiennent et la maintiennent ambiguë, sans inclination ny approbation d'une part ou d'aultre, tant soit elle legiere. » Montaigne, *Apologie de Raimond Sebond*. « La gloire de la cabale pyrrhonienne, qui consiste à cette ambiguïté ambiguë. » Pascal. *Pensées*, ed. Brunschvieg, n° 392, « .... qui pensera demeurer neutre sera pyrrhonien par excellence ; cette neutralité est l'essence de la cabale.... ils sont neutres, indifférents, suspendus à tout, sans s'excepter. » *Ibid*, n° 434. Dirai je à mon tour que je démontre mon principe, que mon doute se démontre lui-même autant de fois qu'on veut ? Non, il se montre.

nant nous touchons au bord du précipice. Il me propose de me renier moi-même ; je sais que je puis le faire. Mais comme il n'y a aucune raison, dans un mécanisme même supposé infini et dont je suis censé dépendre, qui explique qu'au moment où, étant par la vertu de ce mécanisme, quel que je sois d'ailleurs, je nie mon être, dans la puissance que je vois en moi de nier mon être, dans la possibilité toute mienne de cette démarche folle, je touche, je tiens ma liberté, que me faut-il de plus ? et je réponds : « Je suis. » Quand on m'invite à me renier moi-même, ou seulement à commencer de me renier en doutant de moi, c'est un abîme qu'on m'invite à ouvrir. Cet abîme, je vois que c'est avec mes propres mains que je le creuserais ; je vois que ce redoutable pouvoir est à moi ; c'est assez pour que je me sache libre : je me détourne du néant qu'on me convie à créer, et je réponds : « Je suis. »

Car il n'y a plus ici aucun recours pour le mécaniste. Résolu qu'il est à faire résulter toutes mes actions de motifs qui les détermineraient d'avance, il a pu voir, dans l'état d'indifférence où je me plaçais tout à l'heure, l'effet du parti pris créé chez moi par l'idée de justifier mon sentiment à l'encontre du sien ; et comme je le supposais capable de me proposer une infinité d'alternatives, il en résultait mécaniquement chez moi, jugeait-il, l'infinie volonté de n'en accepter aucune. Mais quand il m'a défié de nier l'être en même temps qu'il est, il apparaît qu'il a fait lui-même cette idée et je lui dis avec assurance : « Vous êtes libre ; et, comme je suis, vous-même vous êtes ».

Mais que signifie ceci ? C'est au moment où je me suspends sur l'abîme du doute absolu que je sais positivement que je suis. C'est en tant que je puis me nier que je puis m'affirmer. D'autres avant moi, et illustres, ont bien remarqué cet étrange témoignage que le doute rend à la vérité : « Nous ne laissons pas, dit Descartes, d'éprouver en nous une liberté qui est telle que, toutes les fois qu'il nous plaît, nous pouvons nous abstenir de recevoir en notre croyance les choses que nous ne connaissons pas bien, et ainsi nous empêcher d'être jamais trompés. Pendant que nous rejetons ainsi tout ce dont nous pouvons douter le moins du monde[1]... nous ne saurions supposer

---

[1] Descartes va plus loin qu'il n'est bon quand il feint, ici et ailleurs, que toutes les choses dont nous pouvons douter sont fausses et que celui qui nous a créés peut

de même que nous ne sommes point pendant que nous doutons de la vérité de toutes ces choses [1]. » Semblablement, il fait dire à Eudoxe : « Puis donc que vous ne pouvez nier que vous doutiez, et qu'au contraire il est certain que vous doutez et même si certain que vous ne pouvez en douter, il est vrai aussi que vous qui doutez vous existez, et cela encore est si vrai que vous n'en pouvez pas douter davantage [2]. » Et quelque douze cents ans avant lui, saint Augustin : « *Ratio*. Tu qui vis te nosse, scis esse te ? — *Augustinus*. Scio. — *R*. Unde scis ? — *A*. Nescio. — *R*. Simplicem te sentis, anne multiplicem ? — *A*. Nescio. — *R*. Moveri te scis ? — *A*. Nescio. — *R*. Cogitare te scis ?— *A*. Scio. — *R*. Ergo verum est cogitare te ? — *A*. Verum [3]. » Et encore : « Vivere se tamen et meminisse, et intelligere, et velle, et cogitare, et scire, et judicare quis dubitet ? Quandoquidem etiam si dubitat, vivit : si dubitat unde dubitet, meminit ; si dubitat, dubitare se intelligit ; si dubitat, certus esse vult ; si dubitat, cogitat ; si dubitat, scit se nescire ; si dubitat, judicat non se temere consentire oportere Quisquis igitur aliunde dubitat, de his omnibus dubitare non debet : quae si non essent, de ulla re dubitare non posset [4]. »

---

prendre plaisir à nous tromper. Ces suppositions n'ajoutent rien ni à la liberté de douter ni à la vertu du doute. Ce sont des hypothèses au moins superflues, au fond ruineuses, comme on le verra ailleurs.

[1] *Principes de la philosophie*, part. I, 6, 7.

[2] *Recherche de la vérité par la lumière naturelle*.

[3] *Soliloq.*, II, 1 [I].

[4] *De trinitate*, X, 14 [X]. Voici d'autre part comment saint Augustin, quinze siècles avant nous, montre ou, si on y tient, démontre infiniment la science et la volonté : « Mille itaque fallacium visorum genera objiciantur ei qui dicit, Scio me vivere ; nihil horum timebit, quando et qui fallitur vivit. Sed si talia sola pertinent ad humanam scientiam, perpauca sunt, nisi quia in unoquoque genere ita multiplicantur, ut non solum pauca non sint, verum etiam reperiantur per infinitum numerum tendere. Qui enim dicit, Scio me vivere, unum aliquid scire se dicit : proinde si dicat, Scio me scire me vivere, duo sunt jam, hoc vero quod scit haec duo, tertium scire est : sic potest addere et quartum, et quintum, et innumerabilia, si sufficiat.... Hoc et in voluntate certe similiter adverti potest. Quis est enim cui non impudenter respondeatur, Forte falleris, dicenti, Volo esse beatus ? Et si dicat, Scio me hoc velle, et hoc me scire scio ; jam his duobus et tertium potest addere, quod haec duo sciat ; et quartum, quod haec duo scire se sciat, et similiter in infinitum numerum pergere. Item si quispiam dicat, Errare nolo ; nonne sive erret sive non erret, errare tamen eum nolle verum erit ? Quis est qui impuden-

Ainsi, comme ces grands hommes l'ont vu et déjà indiqué, notre
existence n'est pas seulement comme un résidu qui demeurerait quand
tout serait volatilisé par le doute, mais c'est nous qui avons le pouvoir
de douter ; et quand nous affirmons que nous sommes, quand nous
affirmons du même coup qu'il y a quelque chose, c'est une démarche
où notre volonté est intéressée, encore qu'elle soit obligée par le plus
immédiat, le plus irrécusable et le plus prévenant des sentiments.
Car là même elle n'est pas, à la lettre, contrainte ; son pouvoir reste
intact, insaisissable, et il pourra se trouver tel esprit qui prendra le
parti de douter s'il est ou de nier qu'il est, en prenant le parti d'être
insensé [1].

Mais que signifie encore ceci ? Tous les philosophes qui ont paru
depuis plus de cent ans tenaient comme un principe que je ne puis
me connaître directement, qu'il faut, pour que je commence de me
connaître. que je me réfléchisse sur quelque chose. Ils voulaient bien
admettre que j'étais actif, comme l'œil voit : mais il ne se voit
qu'après que le rayon lumineux qui a en lui son point de départ est
allé toucher le miroir d'où il revient à l'œil même. Ou encore, mon
esprit était un cachet qui ne savait rien de sa forme avant qu'il l'eût
imprimée sur une matière, un ouvrier qui n'avait aucun sentiment de
lui-même avant d'avoir admiré son œuvre. L'image physique du
réfléchissement sur une chose était transportée dans l'ordre psychologique, non pas seulement comme le symbole, mais comme la nature
même de la réflexion. Ils feignaient, en effet, l'esprit comme quelque

---

tissime dicat, Forsitan falleris ? cum profecto ubicumque fallatur, falli se tamen
nolle non fallitur. Et si hoc scire se dicat, addit quantum vult rerum numerum
cognitarum. et numerum esse perspicit infinitum. Qui enim dicit, Nolo me falli, et
hoc me nolle scio, et hoc me scire scio ; jam et si non commoda elocutione, potest
hinc infinitum numerum ostendere. » *Ibid.*, XV, 21 [XI].

[1] N'est-ce point pour celui-là que saint Augustin a écrit : « Intima scientia est
qua nos vivere scimus, ubi ne illud quidam Academicus dicere potest ; Fortasse
dormis, et nescis, et in somnis vides. Visa quippe somnantium simillima esse visis
vigilantium quis ignorat ? Sed qui certus est de vitae suae scientia, non in ea dicit,
Scio me vigilare ; sed, Scio me vivere : sive ergo dormiat, sive vigilet, vivit. Nec
in ea scientia per somnia falli potest ; quia et dormire et in somnis videre, viventis
est. Nec illud potest Academicus adversus istam scientiam dicere, Furis fortassis et
nescis, quia sanorum visis simillima sunt etiam visa furentium : sed qui furit vivit. »
De Trinitate, XV, 21 [XII].

chose de simple et, à ne le considérer qu'en lui-même, isolé ; dans
cette simplicité qui ne comportait aucune étendue intelligible et qui
n'offrait rien à une prise concrète de l'imagination, il n'y avait pas de
place pour situer l'activité de manière qu'elle fût représentée ; elle ne
pouvait être saisie qu'après qu'elle était sortie de ce point invisible et
abstrait ; si en sortant elle ne rencontrait quelque écran, elle s'allait
perdre dans le néant comme une émanation qui ne saurait rien de son
propre mouvement en tombant dans le vide. Et il fallait bien la retrouver dans une réflexion extérieure ou ultérieure, puisqu'on n'avait où
la mettre dans le sujet : « Dans l'unité absolument indivisible de la
simple intuition d'un objet simple [*i. e* du sujet par lui-même] la
science s'évanouit et par conséquent la conscience[1]. »

Mais quelques réserves qu'il y ait à faire sur cette assertion, voici
que dans tous les cas elle n'a rien à voir ici ; car l'intuition du sujet,
du moi par lui-même, n'est pas du tout l'unité absolument indivisible d'une intuition essentiellement simple où on prétend qu'il n'y
aurait pas connaissance, ce qui revient à dire qu'il n'y aurait pas
d'intuition et ce qui enfin ramène la conscience absolue à l'inconscience.
Et sans doute le moi est un et par là il est simple, mais il n'est pas
un de l'unité d'un point mathématique ; c'est une grande pauvreté de
se représenter l'unité de l'être concret spirituel par quelque symbole
qu'on demande au néant, et qu'on demande au néant précisément parce
qu'il s'agit de se figurer un être spirituel. Rien de plus opposé que ces
deux termes : spiritualité et néant ; et c'est par je ne sais quel instinct matérialiste encore qu'on va chercher la représentation de ce
qui est spirituel dans ce qui n'est rien, un point, un trait géométrique, un abstrait, un inconscient. L'esprit est un et simple. mais
d'une unité toute vivante et comme organique, d'une unité qui agit
et qui a des organes pour agir, qui à la fois les déploie et les rassemble dans la diversité puissante et la simplicité radicale de son action.
Déjà tout à l'heure nous avons bien vu qu'il ne fallait pas se représenter son doute et son affirmation comme deux moments successifs
où il se porterait tour à tour de tout son être, mais comme deux
expressions simultanées d'une même activité. Ce n'est pas parce que
je doutais il y a un instant que j'affirme maintenant, car rien ne

---

[1] Ravaisson, *loc. laud.*

serait plus absurde ; mais c'est parce que je puis douter qu'en même temps j'affirme que je suis. Dès lors, il me suffit de m'observer par une introspection immédiate et directe dans cet acte radical et déjà synthétique pour reconnaître avec la plus haute conscience les pouvoirs que j'y mets en jeu ; et aussitôt se déploie en moi le tableau de ma pensée active, le tableau du *Cogito* ainsi constitué :

la sensation]	le doute	l'affirmation
l'être	l'infini	la perfection
»	le fini	l'imparfait

Par le doute, dans le moment où je veux l'employer avec toute sa vertu, je coupe ma communication avec tout le monde des phénomènes sensibles, y compris les phénomènes déroulés en moi dans le temps. Eu égard à cet univers sensible, je me mets dans un état d'indifférence qui équivaut intellectuellement à sa totale suppression : à tout cet ensemble de phénomènes donnés je substitue le signe de l'abstraction radicale. C'est en vain que le phénomène voudrait me poursuivre ; je me suis retiré devant lui en moi-même, je lui ai opposé la zone infranchissable d'un néant que je fais et c'est en dedans de cette zone, en dedans de moi que je me connais et m'affirme moi-même. Dès lors je ne me réfléchis pas sur l'objet, mais sur rien c'est-à-dire que je sais immédiatement que je suis.

Vouloir se relever de l'objet, c'était être perdu. Le rayon était parti lumière ; après avoir touché la matière, les phénomènes, il revenait chez Kant décomposé en couleurs étrangères l'une à l'autre et mécaniquement juxtaposées ; après quoi le philosophe a bien raison de dire qu'on n'y peut pas voir réellement l'unité du moi. C'est comme si on voulait s'imaginer la lumière simple en regardant les sept nuances réfléchies sur l'écran des cabinets de physique : aucun raisonnement ne nous en donnerait l'idée synthétique, si nous ne l'avions puisée d'abord dans l'intuition. Aussi bien, ceux qui ont cherché le moi par réflexion sur l'objet se servaient de l'intuition antérieure, sans que ils n'auraient même pas songé à l'objet de cette recherche [1] : le

---

[1] « C'est en confrontant les résultats de l'observation et de la synthèse objective avec cette intuition intérieure,... que de tout temps on a philosophé et que l'on philosophe aujourd'hui encore. » E. Boutroux, *Revue internat. de l'enseignement* 18 fév. 1904, p. 115.

animaux qui n'ont pas de vrai moi ne se sont jamais mis en peine de s'en chercher un.

Maine de Biran, serrant les choses de plus près, veut avoir l'intuition du vrai moi, non dans un retour réfléchi à distance, mais dans un rapport immédiat, pour ainsi dire au moment même de l'écrasement du moi sur l'objet, sur les phénomènes ; il est déjà trop tard, déjà le moi qu'il y veut voir s'est dissocié indéfiniment dans les composantes indéfiniment multiples de la force. Il ne trouverait pas là son moi, s'il ne le tenait d'avance par l'opération intime et toute spirituelle du Je-pense.

XV

Le Je-pense est un acte raisonnable, donc synthétique.

Il ne faut plus imaginer qu'il va toucher la multiplicité de l'objet pour rebondir, altéré par ce choc et méconnaissable, vers son propre centre. Il se connaît lui-même en lui-même. Il se connaît dans son unité ; mais ce n'est point une unité telle qu'étant pour ainsi dire absolue numériquement parlant, on ne puisse s'en faire aucune représentation concrète, ce qui conduit enfin à annihiler le moi réel. En effet, on ne s'entend pas soi-même et on ne peut se faire entendre sans offrir quelque chose à la prise de l'imagination. « Aristote, Stahl, Kant, ont successivement établi qu'il n'y a point de pensée distincte sans quelque image représentée en quelque étendue [1]. » Mais ici, nous sommes en face d'un organisme spirituel, ayant ses membres distincts qui dans le rassemblement de l'activité psychique une et simple jouent chacun leur rôle et qui, divers par là, ne font qu'un et dans leur racine et par leur concours. Cet organisme vit, il est en nous le vivant lui-même. Étant actif et un, ses parties réagissent positivement les unes sur les autres. Il y a dans son action un ressentiment immédiat de celles de ses parties qui sont en jeu. Mais dans l'acte typique où il se connaît, il faut qu'il y ait un rapport perçu, une réflexion réciproque, si on y tient, mais intime des organes en connexion où la synthèse même est réalisée. Dans cette sorte de contraction du *Dubito-sum*, l'activité une et synergique doit retentir

---

[1] Ravaisson. *Philosophie contemporaine.* Revue des Deux-Mondes, 1840, p. 418.

en chacun des membres et les manifester, puisqu'aussi bien ils sont tous là mis à nu, présents au moi et qu'on n'a le droit de les y compter qu'autant que par leur ressort spontané ils s'accusent à la conscience.

Dans le *Cogito* tel que nous l'avons déployé, tout joue à la fois et rien n'est inerte :

1° *Le doute*, d'abord, pour suivre l'ordre logique ;

2° *L'infini*, puisque dans le moment où je doute, je sais que je puis douter de la multiplicité infinie des objets qui tenteraient mon assentiment, douter même de moi en répudiant ma raison, en me faisant absurde et fou, et que mon doute n'aurait pour bornes ni l'être ni le néant même, puisque je peux rester indéfiniment dans l'indifférence, en suspens entre eux ;

3° *L'affirmation*, puisqu'elle est directement impliquée dans le Je-pense, en simultanéité avec le doute ;

4° *L'être*, puisque je sais au moment où j'affirme mon existence, non seulement que je suis l'auteur de cette affirmation, que j'agis, ce qui suffirait pour que je fusse, car être, c'est agir, mais encore que cette action n'épuise pas toute la virtualité de mon être : car je pourrais agir autrement, je pourrais douter de moi-même, je pourrais me nier, je pourrais affirmer ou nier les phénomènes offerts du dehors à ma pensée et dont je me contente de faire abstraction par le doute; ainsi mon affirmation de moi-même est une forme de mon être, elle n'en est pas le tout;

5° et 6° *La perfection* et *l'imperfection*, puisque je sais en m'affirmant que j'ai parfaitement raison de penser que je suis et que, par conséquent, l'affirmation vaut mieux ici que le doute ou la négation ;

7° *Le fini*, puisque la négation, le doute et l'affirmation finissent l'un à l'autre et que si j'ai un pouvoir infini, il agit sous une forme précise en excluant le doute par la négation ou l'affirmation, ou ces deux dernières par le doute, ou la négation et le doute par l'affirmation.

Voilà bien l'arbre de vie, le chandelier à sept branches. Ainsi dans le *Cogito* exactement observé et sainement interprété, je ne me saisis pas comme pensée en général; loin de là, car aussi bien, où prendrais-je l'idée d'une pensée en général, si je ne connaissais la mienne? Je ne me connais pas comme une forme vide, car ma pensée y con-

naît ses propres membres vivants et agissants contenus en elle et y
perçoit son être. Je ne suis pas une pensée qui ne pense rien, un
inconscient, mais je me pense pensant (νοήσις νοήσεως) par l'acte le
plus réel et le plus personnel. Quand saint Augustin et Descartes
disent : « Je pense, donc je suis », ils signifient expressément, non
l'être en général, mais l'être d'Augustin et de René Descartes. Ils se
perçoivent comme je me perçois, non par une intuition intellectuelle,
si cet adjectif correspond à l'entendement qui ne donne que l'abstrait, mais par une intuition raisonnable, synthétique et concrète.

Or cela est en dehors du temps, puisque ma communication avec
tout phénomène est coupée ; mon acte se voit *sub specie aeterni.*

En ce sens, il est évident que je pense sans organe matériel, comme
le voulait Aristote ; l'expérience physique n'a dès lors aucune prise
sur le *Cogito*, la conscience sensible n'est nullement le fond de mon
moi, elle n'est pas ma vraie conscience raisonnable. Certes quand je
pense à moi, je pense avec mon cerveau ; mais quand je me pense
et en tant que je pense, non pas. Et à cet égard, comme le veut Descartes, je pense *cum radice aeterni*, je pense toujours.

XVI

Comment n'a-t-on pas aperçu ce caractère synthétique du
Cogito ?

Descartes n'avait pas de l'activité synthétique une idée aussi explicite que nous, bien que sa méthode montre assez qu'il en avait le
sentiment et bien qu'il ait énuméré tous les éléments du *Cogito* sans
exception ; mais il ne les a montrés qu'à l'état épars.

Comme il n'avait pas marqué ce caractère actif qui fait l'essence
de l'intuition du *Cogito sum*, ceux qui sont venus après lui n'y
virent plus que la forme du raisonnement où le *Cogito* se déploie
dans le discours ; c'est ainsi que Maine de Biran l'interprète en toute
circonstance [1].

---

[1] Maine de Biran parle souvent de Descartes. V. par exemple *Essai sur les fondements de la psychologie* (pp. 150-153) ; *Nouvelles considérations sur les rapports du
physique et du moral* ; *Nouveaux essais d'anthropologie* (pp. 376, 420, 519) et plus
particulièrement le *Commentaire sur les méditations métaphysiques de Descartes*, publié
par Bertrand (Biblioth. de la Fac. d. L. de Lyon, t. II).

Et la base, le point de départ du raisonnement a paru être seulement le *Cogito* comme sensation de penser, comme phénomène : voilà ce qu'il est pour Condillac qui, dans son *Art de raisonner*, reproche à Descartes, avec des airs de supériorité, de n'avoir pas bien vu cela. Le *Cogito* a donc été pris comme une sensation simple, primitive, la façon dont nous nous affectons nous-mêmes dès l'éveil et dans la suite de notre vie sensible, c'est-à-dire encore comme un phénomène.

C'est ainsi que l'entend Kant, constamment placé en ce qui concerne le *Cogito* au point de vue empiriste et sensualiste du XVIIIᵉ siècle [1].

Et cette erreur a passé à toute la philosophie moderne.

Pourquoi des hommes qui tous à l'envi mettent au sommet des choses une sorte de Trinité, c'est-à-dire un acte synthétique comme le seul capable d'être fécond [2], n'ont-ils pas vu que la pensée humaine,

---

[1] De même, comme le remarque quelque part un savant auteur, son idée de la finalité est toute prise dans le « sens des cause-finaliers du XVIIIᵉ siècle, et non dans celui d'Aristote » (Document inédit).

[2] On a vu plus haut que tel était le cas pour Fichte, Schelling, Hegel, M. Lachelier. Ravaisson, quoique moins explicite sur la nature de l'être où se trouve le type absolu de la connaissance, écrit : « Son argumentation [celle de Hamilton] revient à dire que la science de l'absolu, selon M. Schelling, est en contradiction avec la nature de toute science, et la science de l'absolu, selon M. Cousin, en contradiction avec la nature de l'absolu, tel que le définit M. Cousin lui-même ; et cela sur ce principe que la connaissance implique toujours quelque diversité, et l'absolu, au contraire, une unité parfaite. Peut-être qu'il y a moyen de donner aux deux doctrines un sens vrai, d'en résoudre les contradictions apparentes et de les unir en une même et profonde vérité. Qu'y aurait-il d'étrange à concevoir comme le dernier terme de la science une extrémité où la diversité, l'opposition qui est la loi de son développement, viendrait par degrés s'évanouir ? Qu'y aurait-il de si absurde à penser que l'absolue connaissance est en quelque sorte (comme dans les mathématiques) la *limite* où se trouve la commune mesure et la dernière raison des contraires, non le lieu où ils se confondent, mais le terme où la négation et la limitation disparaissent, vaincues dans l'identité du principe ?... Peut-être que la spéculation ne sera pas toujours impuissante pour faire entendre, sinon pour faire pleinement *comprendre* cette unité mystérieuse des différences qui est le secret de la science non moins que de la vie. » *Rev. des Deux-Mondes*, 1840, pp. 405-406. Ainsi, pour lui, la raison des différences tout au moins subsiste dans l'identité du principe absolu et elles y sont par là encore présentes et représentées. Enfin dans sa thèse sur la *Contingence des lois de la nature*, M. E. Boutroux dit qu'il faut se

notre *Cogito* personnel qu'ils en font dépendre, doit être synthétique également ?

Kant écrivait dans la seconde édition de la *Critique de la raison pure* : « Un entendement dans lequel toute diversité serait en même temps donnée par la conscience serait intuitif[1]. »

Sur quoi M. E. Boutroux, dans son cours sur Kant à l'École normale supérieure (1877-1878), disait[2] : « La faculté de ramener une diversité à l'unité de conscience, les catégories l'ont-elles seules ? Sont-elles la condition nécessaire de la réduction du divers à l'unité de conscience ? Si notre entendement disposait d'une conscience qui, dans le *Je suis,* fournît quelque chose de divers, un contenu. les catégories pourraient n'être pas le seul moyen de ramener ce divers à l'unité de conscience. Ce divers pourrait être une autre voie » [vers la chose en soi]. Et aussitôt après[3] : « Le sens intérieur dispose d'intuitions, mais ne contient que la forme de l'intuition, il ne contient pas l'unification... Si la sensibilité même voyait le divers dans l'un. si on n'avait pas besoin de l'entendement, elle nous donnerait une chose en soi ; mais elle ne voit que le divers et ce n'est qu'après coup que l'entendement vient unifier ce divers... mais c'est penser les choses déjà formées. Dans la réalité l'un précède le multiple... [il faudrait] les voir dans l'ordre de la production, c'est-à-dire de l'existence. »

Or précisément nous disposons d'une conscience qui dans le *Je suis*

---

garder « d'identifier Dieu avec la nécessité absolue qui ne suppose rien avant elle. Cette idée qui, en définitive, se confond avec celle du néant, est si vide qu'à vrai dire elle n'explique rien. Il faut... mettre dans l'idée de Dieu un principe... et ce principe pour être fécond doit être synthétique » (pp. 173-174. *Conclusion*). C'est ce qu'il fait en mettant en Dieu la liberté infinie, la perfection actuelle et la félicité et il ajoute : « aucune de ces trois natures ne précède les autres. Chacune d'elles est absolue et primordiale ; et elles ne font qu'un. » (*Ibid.,* p. 178.)

[1] Sect. II, § 16. *De l'unité originairement synthétique de l'aperception,* trad. Barni, t. I, p. 163.

[2] Leçon 27e. sur la *Déduction transcendantale : légitimité des catégories.* Ces notes sont prises pour ainsi dire mot par mot, grâce à la rapidité d'écriture que permet la jeunesse. Toutefois, par un scrupule impérieux, je les donne bien pour des notes et je mets entre crochets les mots indispensables par lesquels je les complète.

[3] Leçon 28e. sur la *Déduction transcendantale, fin : les catégories et les choses en soi.*

fournit quelque chose de divers, un divers qui en est à la fois organe et contenu ; ce quelque chose est en un certain sens un contenu, parce que mon sens intérieur en contient l'unification, étant synthétique ; et ainsi il n'a pas seulement des formes pour l'intuition, mais il a l'intuition même et immédiate de soi : je vois le divers dans l'un. Je ne pense pas seulement des choses déjà formées ; je me vois, moi qui produis : c'est-à-dire que je me vois mettre en jeu moi-même mon pouvoir de douter, et par suite je me vois produire cette chose ou cet état qui, produit, prend objectivement le nom de doute. Je me vois donc moi-même dans l'ordre de la production et du même coup je me saisis moi-même dans l'ordre de l'existence, mais à condition qu'on n'entende pas par ordre succession dans le temps. Dans cet ordre de la véritable réalité, l'un ne précède pas le multiple, mais ils sont ensemble, synthétiquement [1]. Il est vrai que je ne vois pas tout cela avec ma sensibilité, ni même avec mon entendement, mais je le sais par l'exercice de mon activité essentielle, raisonnable. Je ne suis donc pas pour moi une abstraction nécessairement inerte déduite de mon expérience sensible ; loin de là, je me saisis, en tant que je doute de l'expérience sensible et que je m'affirme simultanément, comme un pouvoir réel et concret d'abstraction. Et là je suis un, non de l'unité inerte de l'atome matériel ou psycho-physique, mais d'une unité synthétique, c'est-à-dire raisonnable. Je doute, je suis, je pense, je suis libre, je suis une personne. Telle est la valeur inébranlable du *Cogito*. Il est la pierre d'angle qui ne sera pas ôtée.

XVII

Il y a trois modes de démonstration du libre arbitre, par conséquent de la réalité du moi.

A. Le premier est psychologique; c'est l'introspection. L'efficacité en a été particulièrement signalée par saint Augustin, Descartes et Maine de Biran. Saint Augustin et Descartes font, dans leur exposition, une

---

[1] « Il ne faut pas séparer ce qui est lié en une unité vivante, mais il faut distinguer dans le sein même de cette unité ce qui est distinct. » Ravaisson, *Rev. des Deux-Mondes.* 1840, p. 418. C'est en effet le secret de se connaître soi-même.

place au doute et on a vu comment cet élément est partie intégrante de l'affirmation rigoureusement scientifique des pouvoirs originaux du moi. Fort heureusement, il ne faut tant d'appareil pour le commun des hommes ; chacun d'eux croit naturellement à la réalité des choses, il croit aussi qu'il est, et s'il éprouve quelque embarras à propos de cette naïve croyance, il s'y arrête à peine comme à une ombre fâcheuse, il n'accueille guère l'opinion déterministe de son néant qu'autant qu'elle s'insinue sous le couvert de ses passions et il se traite raisonnablement en être d'importance dès qu'une occasion critique le met en face du vrai fond de ce qu'il pense de soi. Le poète qu'ont touché et troublé les dialectiques d'école, a pourtant retrouvé le sentiment populaire et l'a fortement exprimé, quand il dit :

> Tout fut plein d'une voix terrible qui venait
> En face du levant derrière la colline.
> Et les chênes tordus par une main divine
> S'ouvrirent, et du cœur de l'abîme béant
> Une bouche cria : « Fils, je suis le néant.
> Couche-toi. Rien ne vaut la peine qu'on se donne.
> Tu tentas d'exister, passant. Je te pardonne. »
> Un vertige emporta ma tremblante raison,
> Et je ne vis plus rien du fond de ma prison.
> Les nuages, le ciel, les arbres disparurent.
> La brume autour de moi, les ténèbres s'accrurent.
> Le monde s'abîma sous un grand soleil noir.
> Mais frissonnant, les bras tendus, cherchant à voir
> Cette voix qui sortait de cette bouche noire,
> Éperdu, je criai : « Je suis ! Je suis ! »
>   La gloire
> Du matin éclata dans le ciel déchiré.
> Et je fus un vivant, je fus un inspiré.
> Je vis monter en moi la lumière invincible,
> Et devant mes regards, dans son ordre sacré,
> Renaissait la splendeur de l'univers visible [1].

Il faut au philosophe une autre nuance de la même angoisse et plus de labeur pour affirmer ce que le peuple et le poète savent par inspiration. On doit avouer que la méthode d'affermissement du moi qu'ont suivie saint Augustin, Descartes, moi après eux, est un

---

[1] Joachim Gasquet. *Les Chants séculaires : Le matin, VII. Premier matin.*

procédé de laboratoire ; mais aussi il n'est rien de tel que l'électrolyse et
l'eudiomètre pour connaître avec certitude la composition de
l'eau.

B. Outre « l'intuition de l'être dans notre conscience, a dit M. E.
Boutroux [1], l'homme dispose d'un [second] mode de contact avec le
réel » et, par suite, d'un second mode d'affirmation de soi : « C'est
l'action, par laquelle il s'efforce d'imprimer sa trace dans les choses,
et de se survivre. L'action, chez l'homme de volonté et de réflexion,
éclaire mainte région de l'âme, inaperçue de celui qui n'existe que
comme chose ou animal, et qui ne relève, dans ses mouvements, que
des lois d'inertie ou d'adaptation. » C'est l'éternel titre de gloire de
Maine de Biran d'avoir distingué du point de vue de la philosophie
ce mode de connaissance de soi et d'avoir discerné avec une profonde
pénétration que dans le Je-pense il y a un : Je veux. C'était réellement ajouter quelque chose d'essentiel à saint Augustin et à Descartes. Ceux qui le combattent et prétendent le détruire n'y sauraient
bien réussir. Assurément, en portant par hypothèse au compte du
mécanisme tout fait jailli originairement de la région de l'âme, ils
échappent, sur le terrain matériel ou physique des phénomènes ou
des états, à toute discussion ; ils sont comme des gens qui préten-
draient toujours que la flèche n'est pas partie de l'arc en ne la considérant jamais que fichée dans le but. C'est que par rapport à cette
cloison où Maine de Biran veut que l'âme rencontre le monde
physique, ils se placent tout en dehors. S'ils se plaçaient en dedans
avant de regarder le dehors, ils retrouveraient tout d'abord le
sens intime de la doctrine de ce maître des intériorités ; et si,
orientés de cette façon, entrant dans le mouvement de la doctrine,
ils acquéraient tout le sens de leur effort, de leur action sur la matière
des choses, le monde, même rebelle, leur renverrait en effet l'image
de plus en plus achevée et de plus en plus substantielle de leur
moi.

C. Enfin un troisième mode de démonstration de la liberté
personnelle et, par suite, de la réalité du moi, est dialectique, est

---

[1] « Le rôle de la philosophie dans le passé et dans l'avenir. » Discours prononcé
à l'Assemblée générale de l'Université de Paris. *Revue internationale de l'enseignement*, 15 février 1904.

affaire de raison discursive, de raisonnement. Peut-on se donner une explication satisfaisante du monde en le composant synthétiquement à l'aide de l'idée de liberté, ou au contraire par l'idée de mécanisme? Laquelle de ces deux idées réussit? L'idée d'un *fatum* ou même d'une liberté qui « s'épuise » à l'origine des choses « dans un acte unique », nous dit M. E. Boutroux dans un passage que j'ai déjà eu l'occasion de remémorer, est une idée qui enfin « se perd dans le vide ». L'idée de « nécessité absolue », même identifiée avec Dieu, avec la liberté première, « en définitive se confond avec le néant, elle est si vide qu'à vrai dire elle n'explique rien [1] ». De quelque côté qu'on le prenne, le mécanisme échoue irrémédiablement. Dès là, il faut, ainsi que le maître que je viens de citer, couper le mécanisme dans ses racines, ne plus s'encombrer de cette pièce postiche, le considérer comme un simple idéal abstrait, n'ayant de valeur relative qu'à ce titre, et envisager le monde sous le seul jour qui l'éclaire, comme la manifestation et l'œuvre de la liberté concrète.

XVIII

L'immédiate perception du moi raisonnable et synthétique par lui-même permet d'y faire l'inventaire des catégories, si on veut employer ce mot, sortes d'idées innées, actives qu'un empirisme pratique ou même réfléchi ne peut qu'assembler sans certitude et comme au hasard.

Ce que la pensée constate d'abord d'elle-même, c'est l'être ; et ce n'est pas assez de dire la pensée, car c'est énoncer une abstraction d'où on risquerait de ne tirer ensuite que des idées également abstraites, des formes vides. Il faut dire que le Je-pense, c'est-à-dire encore : tel ou tel esprit qui pense constate d'abord qu'il est. En même temps, dans le Je-pense tel que nous l'avons décrit, il constate qu'il agit expressément, positivement, librement telle ou telle pensée, par exemple l'affirmation de soi ou celle des choses, ou le doute, etc. Et il constate entre son être et son action spirituelle une relation telle, que celle-ci est une union réelle et vivante, en sorte que l'action vit

---

[1] *De la contingence des lois de la nature : Conclusion.* Cf. mon ouvrage *Du rôle des concepts : dissolution et reconstruction des concepts.*

pour ainsi dire de l'être et que l'être ne saurait jamais être représenté
sans action.

Ces trois catégories primitives peuvent être appelées de la *réalité
spirituelle*.

Mais l'étrange idée qui se présente à l'esprit dans ce pouvoir de
douter que contient le Je-pense ! Ce pouvoir n'a pas de bornes, il est
infini, il peut en droit porter sur quoi que ce soit qui serait présenté à
l'esprit, du moins dans les conditions où l'esprit se connaît maintenant ;
et cependant ce quoi que ce soit ne peut jamais être représenté que
sous la forme précise d'objets de croyance imaginés à part les uns des
autres. Il peut porter infiniment sur la question de savoir si nous
sommes, indéfiniment béante. Ainsi la diversité toujours finie jaillit
visiblement d'un fond indéterminé ; et il y a une liaison qui unit la
diversité finie à l'infini, il y a entre eux une participation mutuelle, —
une communauté profonde qui ne permet pas que l'infini se révèle
sans le fini, ni que le fini se produise sans être pour ainsi dire gros et
plein d'infini, en sorte qu'il y a entre eux comme une proportion que
nous pouvons d'un nom général appeler nombre.

Ces catégories peuvent être dites de la *quantité formelle*.

Or en même temps qu'il plaît à l'esprit de douter, raisonnablement
il s'affirme ; et il sait qu'il pourrait se nier ; et le doute est comme une
suspension synthétique entre l'affirmation et la négation.

Et ces catégories peuvent être dites de la *qualité formelle*.

Mais l'esprit qui affirme son être sait qu'en agissant cette affirmation, il fait un acte qui dans les conditions posées est aussi parfait
qu'il puisse être. Mais il sait aussi qu'il pourrait dans les mêmes
conditions agir moins bien, imparfaitement, en doutant de lui-même,
en se niant. Et il voit que dans ce moment indivisible du Je-pense, il
y a pour lui un champ à deux pôles où moralement il prend une
direction.

Et ces dernières catégories, on peut les appeler de la *qualité
morale*.

On se trouve avoir dressé la table suivante des catégories innées au
Je-pense :

1° Réalité spirituelle.

A. Être.
B. Action.
C. Relation.

2° Quantité formelle.

A. Infini.
B. Fini.
C. Nombre.

3ª Qualité formelle,

A. Affirmation.
B. Négation.
C. Doute.

4° Qualité morale.

A. Perfection.
B. Imperfection.
C. Direction.

Il n'y a rien de plus ni rien de moins dans l'esprit, en tant qu'on le considère en lui-même dans un moment indivisible et abstraction faite du monde extérieur.

On remarquera en effet qu'il n'y a dans cette table rien qui ne soit déjà dans le tableau du *Cogito* tel que nous l'avons dressé, soit à l'état explicite, soit à l'état immédiatement implicite. Car il est vrai que la négation n'y figurait pas, puisqu'elle était exclue par l'affirmation « Je suis » : mais dire qu'elle était exclue, c'est dire qu'elle y était sous-jacente comme pouvoir, puisque le doute était justement si tel ou tel objet de croyance valait ou ne valait pas, si nous-même nous étions ou n'étions pas ; et la négation est tellement impliquée dans la nature de notre affirmation que nier est encore un mode d'affirmation. Or l'être étant posé dans son action même, la relation n'est que leur synthèse réelle, comme le doute est la synthèse suspendue de l'affirmation et de la négation, comme le nombre n'est que la synthèse de l'infini et du fini, comme la direction n'est que la synthèse du parfait et de l'imparfait où on conçoit toutefois que le premier des deux termes annule l'autre, comme l'affirmation annule la négation et le commencement même de la négation qui est le doute. La table des catégories ne fait donc qu'éclairer les plis des surfaces qui sont en saillie dans le *Cogito* même, plis dont toutes les jointures avec les parties saillantes sont déterminées de telle façon qu'il n'y a de place pour rien d'autre. On peut donc affirmer que tous les jugements humains rentrent immanquablement dans les cadres ici tracés, à condition qu'on ait assez de finesse d'esprit pour ne point attacher un sens trop strict à des mots comme nombre, qui pourra selon les cas signifier rythme, proportion, harmonie, etc., car au fond tout cela est nombrable; ou direction, qui pourra signifier sens de la vie, finalité, volonté du bien, etc. ; c'est-à-dire, en somme, pourvu qu'on sache charger ces mots, qui sont des couleurs typiques, fondamentales et distinctes, des nuances qu'une même pensée, toujours identique à elle-même, mais vivante, y peut légitimement susciter.

De même les trois principes fondamentaux de l'identité, de la contradiction et du tiers exclu n'ont plus besoin d'être recueillis empiriquement dans le discours, ce qui ne nous saurait jamais garantir qu'il n'y en a pas quelque autre. Mais la pensée fonde le principe d'identité en s'affirmant elle-même : « A est A »; le principe de contradiction en se distinguant de ce qui n'est pas elle-même, en le séparant, en le niant comme sien : « B n'est pas A, la sensation, par exemple, n'est pas moi » ; et le principe du tiers exclu : « il faut que A soit ou ne soit pas » est précisément l'assertion devant laquelle elle se suspend par le doute, qui épuise la qualité formelle de ses pouvoirs. S'il y a quelque autre forme de pensée, elle n'est pas de nous et pour nous, puisque ces formes-ci sont les seules qui résultent des pouvoirs immédiatement connus dans le Je-pense, puisqu'elles sont réciproques à l'étendue de notre volonté et puisqu'elles suffisent pour que nous disions avec certitude que nous sommes.

Enfin un dernier regard jeté sur le tableau du *Cogito* nous livre tout le secret de ce qu'on a appelé les facultés de l'esprit. Car nous y voyons d'abord la sensation du monde extérieur comme un fait qui sera bientôt ôté. En effet, dans le doute, la réalité est ôtée à ce fait, il est transformé en une idée, il a passé de la zone de la sensibilité concrète dans celle de l'entendement abstrait. Mais dans l'affirmation raisonnable de notre être, une réalité de nouveau est posée ; et cette réalité, c'est la raison même, vivante, personnelle, concrète, avec ses pouvoirs pris de l'infinité et de la perfection. Que la raison réagisse avec ces pouvoirs sur la sensibilité, elle la transformera en imagination capable de fournir des richesses indéfinies et neuves aux concepts de l'entendement, encore que les éléments des images demeurent empiriques et sensibles ; qu'elle réagisse sur l'entendement, elle le transformera en intelligence, sorte d'agent intermédiaire entre l'entendement et la raison et qui, par un art merveilleux, saura trouver une commune mesure entre les concepts de l'entendement toujours chargés d'images et par conséquent finis, et les idées irreprésentables et infinies de la raison.

XIX

Comment un esprit est-il uni à un corps, c'est là un mystère que notre science ne saurait pénétrer et dont notre spéculation ne peut qu'entrevoir les raisons.

Que l'homme ait souvent parlé de son corps comme d'une prison, comme d'un faix, comme d'un compagnon lourd, exigeant, indocile, impérieux, grossier ; que ces discours soient partis plus ordinairement de ceux dont la volonté ne s'employait pas toute à servir les désirs et à flatter les passions de ce corps, mais tendait au contraire vers les régions de la spiritualité, c'est ce qui n'a pas lieu de surprendre. Notre pensée raisonnable est en effet, comme le remarque Descartes, un instrument universel et comme notre corps lui est uni, elle conçoit qu'il devrait être un instrument universel à son service ; en droit, il doit faire tout ce que nous voulons ; mais il ne le fait pas. Ce désaccord, autant qu'on peut le deviner, n'existe qu'à un degré bien faible chez l'animal, si son corps exprime physiquement toute la nature de son âme, si les énergies que la structure de la bête met immanquablement en jeu lui assurent l'immédiate possession de toute sa destinée dont elles tracent en même temps les bornes.

La façon dont le commandement de l'esprit se propage à notre corps est inconsciente. Nous ne savons pas comment il exécute ce que nous voulons, mais nous sentons qu'il le fait. Lui-même a pris soin, par des mouvements spontanés, de nous avertir qu'il se tenait à nos ordres et qu'il comptait sur notre surveillance pour sa conservation et pour son bien, comme nous pouvions compter sur son obéissance pour notre service. Chacune de ses parties se représente en nous à son rang, à sa place, selon la nature des offices qu'elle a à nous rendre et de ceux qu'elle attend de nous, et un sentiment indéfinissable nous unit à toutes. Par là notre corps est nôtre.

Toutefois son obéissance est tardive. La pensée est rapide comme l'éclair, et bien plus que l'éclair, et sonde instantanément l'abîme que l'éclair propagé mille ans n'atteindrait pas. Notre corps met un temps relativement long à nous avertir, quand il le doit faire ; il met quelque temps à nous suivre quand nous le devançons. Sans doute si nous pouvions observer objectivement en autrui ou en nous-même, à l'aide de quelque instrument magique, un esprit et un corps, nous verrions une pensée s'accompagner toujours d'un mouvement et nous ne saisirions peut-être pas l'intervalle qui séparerait l'une de l'autre ; la différence de temps serait peut-être plus petite que toute quantité donnée et comme nulle. Pour une pensée nouvelle, toujours contiguë d'ailleurs à une pensée précédente, le retard du mouvement physique serait probablement indiscernable et la question du synchronisme absolu des deux procès, même à ce point de vue empirique, resterait d'autant plus indécise, si Aristote a raison de dire que l'origine absolue d'aucun mouvement nouveau ne peut être assignée. Mais l'observation extérieure la plus exacte, quels qu'en puissent être les résultats, ne changerait rien à la nature des faits constatés par l'introspection. Notre esprit conçoit l'idée par une synthèse immédiate avant que ses facultés et, avec elles peut-être, les mouvements physiologiques nous fournissent la perception et la disposition claire des éléments qui la constitueront définitivement. De là, c'est un fait empiriquement observable que l'idée se propage aux membres avec un peu de temps et que notre corps ne se met qu'après un délai en devoir de réaliser ce que nous avons décidé ; par cette lenteur notre corps nous apparaît déjà comme extérieur à nous.

Nous n'en devons pas conclure qu'il est inerte et nous n'en devons pas inférer que notre âme est une force qui le pousse. Si un corps était à la fois inerte et poussé, il y a déjà longtemps qu'on a remarqué que, loin de résister à l'impulsion, il y obéirait avec une docilité infinie. D'autre part rien ne nous autorise à croire que notre âme soit le moins du monde une force, au sens physique du mot. Il n'y a pas de force d'âme qui puisse me permettre de soulever un poids de mille kilogrammes, si mes muscles ne valent que pour cent. Libre comme elle est, si l'âme était une force, elle pourrait jeter dans le monde de nouvelles énergies incalculables. C'est ce qui ne se voit pas, même au plus faible degré. La face du monde a été changée, et c'est bien le cas de le dire, car après tout, ce n'en est que la face : les forêts ont été défrichées, les marécages asséchés, les fleuves endigués, des villes élevées avec leurs monuments et leurs murs, des môles gigantesques se sont avancés dans la mer, des navires d'un poids énorme la traversent en ondulant, des sillons s'ouvrent dans la terre devant un socle que traînent des brutes, des tunnels serpentent sous des montagnes perforées, de lourdes pierres jaillissent de mille mètres sous le sol à la bouche des puits et des ballons montent au-dessus des nuages : pas une fois, pour réaliser ces merveilles, l'homme n'a fait autre chose que donner à des forces naturelles un cours qu'elles n'auraient pas reçu de l'ordre seul de la nature. Loin de créer des forces, il est beaucoup plus probable qu'il en use, c'est-à-dire qu'il les amène à cet état d'équilibre où elles s'annulent mutuellement et sont comme si elles n'étaient plus. Il n'y a aucune raison de croire que les choses ne se passent pas de notre âme à notre corps comme elles se passent de l'homme à la nature. Notre pensée, notre volonté ne s'efforce pas sur notre corps, comme l'imaginait Biran ; elle exerce bien plutôt, pour ainsi dire devant lui, une action pneumatique. Et il n'est pas inerte ; mais, uni à elle, il est vivant ; et il afflue, ses énergies se précipitent dans la voie qu'elle lui indique. Les organes qu'elle lui commande de mettre en jeu ne se vident pas comme s'ils étaient pressés : loin de là, le muscle qui se contracte se gonfle, augmente son volume, son poids, sa densité, le cerveau qui travaille se congestionne et, comme une éponge se dilate. il grossit et palpite en appelant à lui et en retenant l'onde du sang. L'âme ne crée là aucune force empruntée d'on ne sait quel réservoir métaphysique, il apparaît seulement qu'elle donne le cours qu'elle veut aux forces physiologiques préexistantes dans le corps, et qu'il faut que le corps renouvelle en les empruntant à son tour à la matière extérieure. N'y a-t-il pas des âmes qui, à la lettre, comme le dit de façon expressive la langue populaire. usent leur four-reau, leur corps, c'est-à-dire amènent prématurément, en surmenant son empressée obéissance, l'heure fatale où l'équilibre de ses énergies le fixera dans le mortel repos ? On peut le croire. Il n'y a pas davan-tage d'idée qui soit une force mécanique. Pour considérer l'idée comme telle, pour la nommer « idée-force », selon une ingénieuse et bril-lante théorie de M. Fouillée. il faut la prendre quand déjà elle est descendue dans les membres sous la forme du sentiment qui lui est. il est vrai. toujours joint ; et ce qu'on voit là en réalité comme force, ce n'est pas l'idée, c'est l'effort des membres qui s'évertuent à réaliser l'idée. L'esprit ne pousse pas les forces du corps comme ferait le pis-ton d'une machine hydraulique ; bien plutôt, s'il faut avoir recours à ces métaphores. à ces symboles sensibles. il aspire derrière lui la poussée vivante qui rompt ses écluses dans le sens qu'il veut. Là fut l'erreur de Biran. à lui transmise par les habitudes d'esprit d'une phi-

losophie mécaniste et naturaliste, matérialiste quoique idéologique.
Mais cette erreur fut au bout du compte plutôt d'exposition, d'image,
de formule que de fond. Toute la doctrine de ce grand philosophe est
vraie, tous les admirables travaux de ce génie méditatif, actif, ému et
profond gardent leur incomparable valeur, si, au lieu d'envisager la
volonté dans le sens de son efficace physique où elle va se perdre dans
la multiplicité indéfinie des contractions, on suit au contraire l'effort
multiple des membres dans le sens de la finalité où cet effort se concentre et s'unifie, pour répondre à l'appel un et synthétique de l'âme.
Encore pour s'élancer, pour marcher décidément dans la voie qui lui
est ouverte, le corps met-il quelque temps ; mais ce retard est la condition de la liberté pour un esprit plongé dans le temps et qui dans le
temps ne serait plus maître des événements, s'il assistait à une immédiate traduction de ses idées dans les faits. Son corps ne lui appartient
et n'est le sien que parce que cet agent attend avec patience et suit
avec un lent empressement l'ordre de la volonté, en même temps
que l'âme sait que sa loi est immédiatement et perpétuellement présente et vivante dans les membres.

Au contraire, tout corps extérieur est celui que notre volonté ne
meut pas par une action dont le procédé matériel est inconscient,
celui sur lequel elle ne parvient à agir que par des moyens mécaniques conscients et à travers le corps qui lui est uni. Mais comme à
certains égards, en dépit de cette union ressentie, nous ne réussissons
à agir sur notre corps que par des moyens mécaniques détournés,
souvent par ce biais notre propre corps nous semble une fois de plus
extérieur à nous.

XX

Si petit qu'on imagine le premier noyau d'un corps vivant, encore
faut-il lui donner une étendue ; la vie ne saurait commencer par un
point mathématique qui n'est rien, qu'une abstraction de la pensée ;
et dès qu'on la figure dans l'espace et qu'on lui assigne un commencement d'empire, on s'est déjà donné une masse de matière dont les
dimensions contiennent une insondable multiplicité. Ainsi comme un
esprit est dès le principe une synthèse, un corps est dès le commencement une synthèse.

Le pouvoir suréminent de l'esprit dans ce monde est le pouvoir de s'affirmer et le pouvoir de se connaître en même temps comme un libre pouvoir d'abstraction, en se distinguant de tous les objets et en faisant retour sur soi-même. Le doute objectif est le procédé critique de ce pouvoir que nous avons de nous distinguer de nos objets, et l'ambiguïté ambiguë du pyrrhonisme est la forme extrême du doute. Loin que ce pyrrhonisme soit d'usage dans cette vie, hors le cas où notre liberté doit se sauver des attentats du fatalisme, le doute même, légitime et nécessaire chez un être de connaissance bornée, s'atténue pour prendre la figure de la circonspection, de la prudence, de l'examen, de l'attention, de l'hésitation, de l'épreuve calculée, de la délibération comparative, tous états pendant lesquels l'esprit se ramasse sur lui-même, se concentre, se réserve, en se gardant de tout résultat dont il pourrait avoir lieu de s'affliger ou de se repentir. Dans l'ordre physique et pour la conservation de la vie, la nature a pourvu presque tous les êtres d'organes qui, à distance, les avertissent des objets dont ils soupçonneraient quelque chose à craindre. L'animal effrayé se refuse par la fuite ; inquiet, il recule déjà, il se ramasse sur lui-même, il se rase, il se concentre sur soi et pour ainsi dire tout entier autour de soi : c'est comme s'il condensait son être par rapport à ce qui, en lui nuisant, tend à le supprimer. Si la nature ne l'a pas doté d'organes de circonspection, il ne sera pourtant un animal qu'autant qu'il pourra accuser sa vie par ce mouvement qui le ramène sur soi ; si, pour connaître les objets, il faut qu'il attende qu'il en soit touché, du moins une contraction à ce moment précis le réduira vers son centre. La contractilité est le premier caractère discernable du tissu vivant, et la cessation de toute contractilité est le signe de la fin de l'être.

Et comme après la période du doute, la pensée, forte de l'être invincible et du libre principe qu'elle a trouvé en elle-même, s'épanouit dans son affirmation et s'étend activement sur le monde, l'être vivant contractile tend à se développer, à s'accroître, à s'augmenter aux dépens de ce qui l'entoure. Après la systole du doute, la pensée se répand dans une diastole immense qui touche au ciel et aux enfers et où elle cherche à organiser l'univers dans une synthèse qui lui en assimile tous les éléments. La vie physique ne saurait la suivre dans un tel élan. Cependant elle tend par des procédés divers soit à se propager indéfiniment, soit à s'emparer de l'espace et de la matière, à conquérir toujours de nouvelles énergies à son profit. Même au plus bas degré de la vie, la contraction réflexe, rapide ou lente, apparente ou obscure, est suivie d'un afflux intérieur par lequel le tissu se dilate, met l'être en état de s'emparer, s'il y a lieu, de l'objet senti et de le posséder. Dans tous les cas, il n'y a pas d'égalité mécanique entre l'irritation éprouvée et la détente exercée, entre la passion et l'action ; celle-ci peut être plus grande ou plus petite que celle-là : le rythme de la vie imite par là dans l'ordre physiologique la liberté de l'esprit dont l'activité ne peut être réduite à des lois de quantité. Dans tous les cas aussi, le vivant emporte du donné senti une connaissance continuée qu'il élabore plus ou moins, et il est difficile de décider si le souvenir, de façon ou d'autre, n'est pas perpétuel et indéfini.

Dans l'ordre proprement physique, l'égalité du rythme s'établit entre la passion et l'action sous la figure de l'élasticité qui imite la contractilité vivante. Le corps élastique revient en droit au point symétrique du point jusqu'où il a dû reculer, chasse l'objet qui l'a heurté de la même quantité dont il en a été chassé. Encore, comme la vie contractile ne pouvait se porter tout entière à l'action extérieure et devait employer une partie des énergies empruntées du dehors à des mouvements intérieurs, le corps élastique absorbe dans des réactions intestines une partie de la force qu'il reçoit, et il s'en faut qu'il la restitue mécaniquement tout entière : il reste toujours en deçà de la ligne où le porterait une élasticité parfaite. Mais ce qu'il reçoit de mouvement, il le combine avec ce qu'il en pouvait avoir déjà ; jamais plus il n'élabore l'état qui est résulté de cette première combinaison, et le mouvement qu'il a pris dans cette combinaison, il l'emporte à jamais.

A la fin de la décroissance de l'élasticité, on touche au concept de la rigidité où un corps serait entièrement dépourvu de ressort intérieur et par conséquent ne réagirait plus sous une action. C'est aussi la fin de la double expression : action intérieure, passion, par la suppression du premier terme, et en même temps c'est la nullité de tout rythme. C'est le concept abstrait exactement antithétique à l'acte par excellence, à l'acte d'une libre spontanéité. Cet état, s'il pouvait être, serait bien quelque chose comme « la volonté fixe d'un état fixe ».

La rigidité se présente à l'imagination sous l'aspect de la cohésion parfaite et par conséquent immuable de toutes les parties d'un corps. Mais comme elle implique l'absence radicale de tout pouvoir de réagir, par conséquent de toute qualité perceptible au dehors, comme ainsi tout corps parfaitement rigide serait pour un agent extérieur tout passif, c'est-à-dire comme s'il n'était pas, il se trouve que le concept de la rigidité parfaite est équivalent à celui de la fluidité parfaite et que c'est avec la dernière logique que Descartes, tenant les corps pour absolument rigides et incompressibles, les assimilait à l'étendue pure.

Mais aussi un corps parfaitement rigide, étant par définition tout passif, ne saurait jamais que subir le mouvement venu du dehors ; ainsi son inertie sera telle, non pas qu'il résistera à ce mouvement, mais au contraire qu'il l'acceptera avec une docilité parfaite en toute circonstance[1]. Il est donc incapable de se charger, même du dehors, d'aucun mouvement qui agisse. Son mouvement est donc comme s'il n'était pas. Ainsi le corps rigide n'est pas seulement un concept contradictoire en soi, parce que sa rigidité est aussi bien fluidité, mais sa mobilité est aussi bien équivalente à la nullité de tout mouvement réel. Aussi le tourbillon de Descartes est-il équivalent à la nullité du mouvement ; il prend aux yeux de la raison la figure d'un monde, comme on l'a dit, « pris dans les glaces », puisqu'étant entièrement passif, il équivaut au néant de mouvement réel et d'être concret.

La rigidité est donc un point zéro en deçà duquel il est nécessaire qu'on s'arrête. Nul corps matériel n'est corps que si on le considère comme une extension, c'est-à-dire comme doué d'un ressort inté-rieur par lequel il s'étend réellement et occupe positivement une étendue. Encore cette extension positive à son tour ne doit-elle pas être pensée comme réalisant une solidité ou impénétrabilité parfaite. Dans ce cas, en effet, les corps ne se toucheraient jamais réellement. Car pour qu'ils se touchent, il faut qu'ils soient dans un même lieu, aussi petit qu'on voudra ; sinon, étant chacun dans son lieu, ils seront séparés et leur contact sera comme s'il n'était pas, étant équi-valent à une séparation.

---

[1] Supposons un corps rigide attaqué de part et d'autre par deux masses en mouvement qui tendent à se joindre. Sa passivité absolue exige qu'il laisse l'une et l'autre passer ; mais sa rigidité absolue, étant donné qu'il ne peut fuir devant aucune des deux, exige qu'il les arrête l'une et l'autre. Voilà un aspect de la contra-diction incluse dans ce concept.

Bien que cette idée se fasse entendre d'elle-même, il ne sera pas superflu de la rendre sensible par une démonstration géométrique.

Supposons deux sphères matérielles parfaitement rondes A et B. Amenons-les en contact géométrique en O : on dit qu'elles se touchent au point O ; mais un point n'a aucune dimension, est purement abstrait ; le contact qui se fait en O est donc purement abstrait, car il ne saurait être matériel, réel, concret dans un néant de lieu. Ainsi on doit dire que les sphères se touchent abstraitement et qu'elles ne se touchent pas réellement.

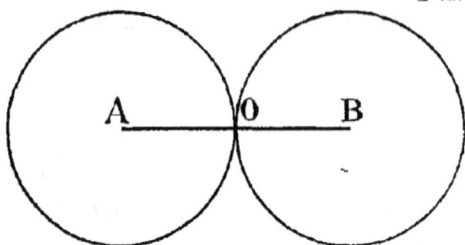

Faisons maintenant tourner les deux sphères l'une sur l'autre selon leurs équateurs ou grands cercles AO et OB. Dans chaque moment de ces mouvements, elles ne se toucheront qu'en un point ; le cas sera identique au précédent et ce qui était vrai du contact au point O sera vrai du contact dans tous les points des lignes AO et OB.

Redressons les lignes AO et OB de manière à les mettre en contact continu. en nous donnant à la place des deux sphères deux cylindres. Le contact continu AO. OB, indépendamment des mouvements qui l'ont engendré, est la somme immédiate des contacts successifs obtenus par le roulement de AO sur OB ; il contient donc une somme de contacts abstraits, non concrets. Faisons rouler les deux cylindres l'un sur l'autre, jusqu'à ce qu'ils aient fait une révolution complète. Tous les éléments linéaires des surfaces des deux cylindres auront eu en AO et OB un contact abstrait, non concret. Enfin redressons les deux cylindres de manière que les deux surfaces soient appliquées l'une contre l'autre. Nous aurons un contact continu des deux surfaces qui, indépendamment des mouvements générateurs. sera la somme immédiate de tous les contacts abstraits, non concrets qui pendant la révolution des cylindres ont été successifs en AO et OB, et ce contact contiendra la somme d'une infinité de contacts abstraits, non concrets. Donc deux surfaces qui sont en contact géométrique se touchent abstraitement, non réellement ; et pour que deux corps se touchent réellement, il faut qu'ils occupent em même temps un même lieu dont l'étendue soit imaginable, un lieu dont la pensée ait une représentation étendue synthétique, c'est-à-dire qu'ils s'y interpénètrent[1].

Ce résultat était à prévoir, puisqu'il faut à la base de toute réalité et de tout acte une synthèse, puisque la raison veut des synthèses sur lesquelles l'imagination ait une prise réelle, et que l'entendement est le seul qui se contente d'abstractions.

Cette interpénétration concrète des corps est d'importance. En nous montrant que les corps se connaissent les uns les autres pour ainsi dire par l'intérieur de leurs surfaces, elle tend à nous rendre la théorie d'Aristote selon laquelle la sensation est l'acte commun du sentant et du senti, de telle sorte que le sentant tienne réellement et concrètement quelque chose du senti. Elle met de modestes limites à l'assertion que les corps ne sont pas pénétrables les uns aux autres, car il est sûr au contraire qu'ils le sont. En même temps elle jette sur la notion brutale qu'on croit avoir des corps un certain trouble propre à exciter l'étonnement, commencement de la philosophie, et à favoriser la méditation métaphysique : car il s'ensuit que. comme Aristote ne pouvait assigner le commencement absolu d'un mouvement réel, nous ne pouvons pas saisir de point reel où un corps cesse et prend fin, ce qui revient à dire que nous ne savons où le faire commencer. Sans doute nous nous représentons des surfaces, mais nous nous les représentons dans la synthèse qui englobe avec elles les espaces voisins parallèles. Nous ne pouvons nous représenter la surface pour ainsi dire par la tranche. Si à la rencontre de la surface d'un corps avec les corps ambiants nous posons sur la ligne de contact comme le fil d'un couteau. chaque corps déborde le fil jusque du côté opposé à celui où il est placé et son achèvement parfait demeure un mystère du rapport de l'infini avec le fini.

N'allons pas croire pourtant que cette vue certaine de la philosophie aille déranger la science abstraite des corps et incommoder les géomètres, les mathématiciens et les mécaniciens. Il est bien vrai

---

[1] On démontrerait de la même manière qu'un volume ne peut être engendré par le mouvement d'un plan, qu'il faut donc que l'espace réel avec toutes ses dimensions soit donné d'avance dans une synthèse primitive.

que notre raison vivante ne peut s'arrêter aux surfaces qu'ils considèrent, qu'elle expirerait pour ainsi dire sur ce point zéro, sur ce point
mort et qu'il faut qu'elle le dépasse. Mais comme nous venons du
Cogito, de l'infinité de la pensée, nous avons, eût dit Malebranche,
du mouvement pour passer au delà ; encore n'avons-nous besoin de
passer au delà qu'infiniment peu. Il nous suffit, pour expliquer la
nature, de prendre une interpénétration infinitésimale des corps conti-
gus. Aussi, tout les premiers, nous convions les savants à considérer
cette quantité dont les corps se compénètrent comme plus petite que
toute quantité donnée, c'est-à-dire à n'en pas tenir compte, puisqu'aussi bien ils ne travaillent que pour l'entendement. Cette interpénétration infinitésimale des bords des corps matériels, nous la gar-
dons pour nous. Par elle la nature s'assouplit à un degré prodigieux
et autant qu'il faut pour qu'il n'y ait plus un divorce irréductible entre
elle et l'esprit. Elle n'est plus une machine fatale dont l'aveugle
poussée ne saurait demeurer d'accord une seconde avec la vie. Il
n'est pas téméraire de penser que c'est dans ces compénétrations
infinitésimales de la multitude immense des corps que les lois brutales
et tout extérieures de la mécanique sont dissoutes, que les directions
sublimées se coordonnent aux intentions et aux fins, que cette inconnue que nous appelons la matière réalise le désir intérieur qui l'unit
en quelque mesure, comme le voulaient Aristote et Descartes, à la
forme, à la volonté, à la vie, à la pensée, à la liberté. Ainsi, jusque
dans les parties de la nature qui semblent les plus inébranlables et les
plus massives, aux yeux pénétrants de l'esprit, ce n'est pas un lourd
appareil jointoyé par la nécessité, ce n'est pas un rideau de fer, c'est
le voile onduleux d'Isis, c'est la palpitation de l'air sur les blés.

La science, au sens strict du mot, est d'autant plus complète et sûre
qu'elle opère dans un ordre entièrement abstrait; elle est d'autant plus
sûre et efficace qu'elle opère sur des données concrètes où ne subsiste par hypothèse aucune spontanéité : encore les sciences dites exactes cessent-elles rigoureusement d'être exactes dès qu'elles entrent sur
ce terrain de la physique. A mesure qu'elle s'applique à des objets,
à des êtres plus élevés dans la hiérarchie naturelle, la science devient
de plus en plus incertaine et inefficace. On est plus sûr de bien asseoir
un théorème, de déterminer le poids atomique d'un corps, de bâtir un
pont, de saisir les combinaisons d'un gaz, que de guérir un malade,
de régénérer une nation ou de former un caractère.

Inversement, la science au vrai sens du mot, la science concrète, la philosophie est de plus en plus incertaine et inefficace en bas. Nous ne savons guère mieux qu'un ignorant ou un ingénieur ce que c'est qu'un corps, et l'ignorant n'a aucun besoin de nous pour se mouvoir ni l'ingénieur pour dresser une épure. Mais elle est de plus en plus certaine et utile en haut. comme connaissance de l'esprit et de la perfection. Ce que nous savons de plus que les autres sur le monde après avoir réfléchi, c'est que le monde ne saurait être, dans son ordre propre, qu'une imitation et une image de l'esprit, une métaphore vraie et liée. Et c'est pourquoi l'esprit intuitif du poète s'y reconnaît lui-même et peut y saisir la multitude variée de ses métaphores étonnantes et profondes.

XXI

Nous comprenons de moins en moins la nature à mesure que nous nous inclinons sur des êtres plus distants de la clarté de l'esprit. La brute est déjà pour nous un problème sans mesure, l'arbre nous déconcerte plus que la brute. le caillou est plus énigmatique que l'arbre. Plus un être est pauvre. moins il est nous intelligible. Déjà quand nous descendons en nous-mêmes au-dessous de la brillante sphère de la conscience, vers la zone crépusculaire du subconscient. vers la couche obscure de l'inconscient, nous tâtonnons et c'est à peine si la pensée, en leur présentant son miroir. peut y retrouver quelque chose de ses traits et y projeter quelques lueurs qui viennent d'elle.

Nul de nous ne naît sans un immense capital. L'esprit l'a acquis et il le connaît à peine. Il en est soutenu, à moins qu'il n'en soit accablé. Plus d'un ne veut voir dans les mouvements de la pensée consciente que les manifestations de ces énergies inaperçues dont le mode d'affleurement dans l'esprit se fait souvent par de sourdes poussées. Toutefois quand l'esprit se possède, il gouverne l'afflux de ces aides masqués comme il règle le dynamisme du corps : ils apparaissent dociles, se découvrent et vont à l'ouvrage qu'on leur indique : puis ils retournent se confondre dans leur cité souterraine, cité où nous envoyons sans cesse de nouvelles forces. Il est vraisemblable que la mémoire n'oublie rien complètement et que nous refoulons perpétuellement et progressivement toute connaissance acquise dans la sub-

7

stance de l'organisme et des membres. Il ne convient donc pas de méconnaître et d'oublier que par là tout au moins et par notre libre conduite, nous faisons notre inconscient.

Des formes incomplètes de l'activité psychique, le rêve est peut-être la plus surprenante. Il se produit avec le plus de netteté quand le corps n'agit plus. N'est-ce pas alors, se dit-on, que la pensée devrait être le plus libre ! Ainsi, après la mort, le spiritualiste se représente volontiers pour son véritable moi une libération, un épanouissement possible.

Même dans le sommeil, le moi n'est pas séparé du corps ; la pensée y demeure liée. Et qui nierait que le sommeil le plus doux et le plus réparateur ne vienne comme une infirmité relative ? A son approche, l'animal ordinairement se contracte, se ramasse, se concentre sur soi, s'enveloppe pour ainsi dire lui-même ; il cherche à se séparer le plus qu'il peut du monde extérieur, soit qu'il y redoute des ennemis, soit qu'il en veuille éviter les sollicitations : la détente des ressorts de la machine n'interviendra qu'après, quand l'âme ne les appellera plus à l'action. Cependant les orifices des sens se ferment ou les organes cessent de réagir, les paupières s'abaissent, les sons ne sont plus qu'à demi perçus. Déjà dans la rêverie ces signes s'annoncent par des commencements lentement et à peine indiqués, par une attitude abandonnée, par des nuances fugitives et pourtant de plus en plus remarquables : c'est d'elle, bien plus que du doute, qu'il faudrait dire qu'elle est un mol oreiller pour une tête bien faite. En même temps, les objets du dehors semblent perdre leur consistance et comme leur solidité ; ils flottent autour de nous sans que nous sachions s'ils sont ou ne sont pas, nous ne savons plus d'où viennent les sons, ni même s'ils sont réels, ni s'ils répondent à quelque chose. Tout est douteux. Enfin notre pensée s'est entourée, comme dans le doute même, d'une sorte d'impénétrable zone de néant à travers laquelle rien du dehors n'arrive plus jusqu'à elle, en sorte que le monde extérieur est comme nié ou supprimé.

Ce n'est pas mal à propos que nous avons remarqué que le doute, s'il n'était bien régi, allait de lui-même à l'absurdité et à la folie ; que dans l'usage dialectique et pour ainsi dire polémique du doute, en fait nous ne devions pas douter infiniment, mais savoir que nous pouvions douter [1] ; que le doute tout seul irait aussi bien à douter de

---

[1] Saint Augustin a indiqué ce devoir que nous avons d'imposer au doute un arrêt : « dubitare non debet ». *Vid. suprà, loc. laud.*

a raison, à douter de la réalité présente dans le moi ; d'où suit qu'il rait à nier les caractères distinctifs de la vérité, à reconnaître l'équi-alence de tout ce qui paraît, étant l'indifférence par rapport à la aleur respective de tout ce qui peut être pensé ; qu'il irait par consé-quent à penser comme équivalents l'être et le non-être, si rien peut-tre n'a de valeur. Et ce n'est donc pas sans un sens très fin ni sans ine logique très délicate que les Grecs, grands inventeurs d'anec-otes et artisans de légendes, nous ont représenté Pyrrhon comme in fou et comme un égaré qui ne se souciait d'aucune raison d'au-une chose, ne voulait reconnaître aucun signe valable de la réalité, e refusait à savoir en quel climat du monde était la Grèce, que ses mis étaient obligés de suivre et de garder parce qu'il se jetait sur es voitures, marchait sur les trous, écrasait et ameutait les chiens, ui continuait de parler aux gens quand ils l'avaient quitté, disait ue rien n'est honnête ou honteux, juste ou injuste et qu'il en est de nême de tout le reste, comme un homme qu'on pouvait exercer par es emplâtres corrosifs, les remèdes caustiques, les incisions chirurgi-ales sans le faire sortir de sa distraite impassibilité, qui dans une iolente tempête de mer montrait à ses compagnons un cochon nangeant tranquille à bord du vaisseau, mais qui se conduisait, elon d'autres témoignages, avec précaution. Au surplus, si nous n croyons l'historiographe, les Pyrrhoniens admettent avec les dog-natistes ce qui paraît, mais ils ne font aucune différence de juge-nent entre les choses qui paraissent : ils croient qu'il fait jour, qu'il ait nuit, pour eux tout au moins, mais si cela est vrai, ils ne déci-ent pas la question [1].

Il semble que ce curieux chapitre soit fait par son naïf auteur our peindre l'état d'un homme qui rêve. Sans doute dans le rêve nous 'avons pas la stupide insensibilité que la légende prête au modèle des ceptiques, nous y sommes fort sujets au désir et à la crainte, à appétit et surtout à l'épouvante ; encore notre sensibilité y est-elle oujours fort émoussée ; un malade qui dort se repose, même s'il ouffre. Mais à peine l'homme a-t-il subi l'occlusion de ses sens et st-il enfermé dans l'obscure enceinte qui l'isole du monde, il ressem-le à Pyrrhon, il ne se soucie plus de la raison de rien, il ne se

[1] V. Diogène Laërce : *Pyrrhon, passim.*

demande plus où il est ni comment il passe d'un lieu à un autre, il
admet tout ce qui paraît sans se donner la peine de porter un jugement sur la vérité de ce qui paraît, il se jette sur tous les objets qui se
présentent et ne s'étonne pas de les traverser, il vole au-dessus des
abîmes, il court sus aux fantômes et erre parmi eux comme s'il en
était un lui-même, il ne distingue plus ce qui est honnête ou honteux,
juste ou injuste et même dans ses périls imaginaires il serait souvent
capable de se conduire avec autant de sensualité que le pourceau. Il
y a cependant cette différence essentielle entre lui et le douteur fictif
qui vient de nous être peint, c'est qu'il ne doute pas. Il ne croit
pas très fortement à l'ordinaire aux choses qu'il voit, qui lui paraissent, qu'il se paraît faire, et la preuve en est dans la facilité avec
laquelle il les nie et les relègue dans le magasin de la fantasmagorie
dès qu'il s'éveille ; mais tant qu'il dort et tant qu'à titre de phénomènes
elles durent, il y croit. Il a dépassé la région du doute relatif qui est
un exercice de la raison et qui en reconnaît la maîtrise. Il est dans
l'état où serait un douteur complet qui croirait à son doute, c'est-à-
dire qui agirait son doute, sans perdre pourtant le sentiment de lui-
même et de son bien. en quoi il se conduit même là avec quelque
précaution. Le douteur qui doute infiniment et dont les Grecs
viennent de nous faire la spirituelle esquisse, a mis de côté la raison,
c'est comme s'il l'avait perdue ; le dormeur a cela de commun avec
lui qu'il l'a perdue. Le doute infini pris seul, par son indifférence
radicale, ne s'oppose pas à mettre sur le même rang le non-être et
l'être ; le dormeur admet mollement l'être d'on ne sait quels non-
êtres, cette absurdité que les mots, par un bonheur, se prêtent à
exprimer exactement.

C'est que nous sommes faits au fond pour affirmer et pour faire
des synthèses ; quand notre affirmation n'est plus dominée par la
raison, elle se produit toute seule, même dans les cas les plus dérai-
sonnables ; et quand le monde extérieur cesse en grande partie de
fournir des matériaux à notre activité synthétique (car cet état n'est
que partiel : nous ne dormons jamais tout à fait ni, éveillés, nous ne
cessons jamais tout à fait de rêver) nous prenons ce qui s'offre à nous
du dedans. Si lâche que soit alors le lien de nos synthèses, notre
activité synthétique subsiste pourtant à un degré très bas. C'est là ce
qu'il y a dans le rêve de plus difficile à saisir et de plus incommu-
nicable. Au réveil, certaines images, certaines suites d'accidents peu-

vent être encore ressentis dans la mémoire et communiqués par la parole tant bien que mal. Mais il y a dans l'extravagant tissu de nos rêves certaines relations pour ainsi dire irréelles qui s'imposent très fort à nous et dont il ne reste (encore n'est-ce guère que dans les premiers moments du réveil) qu'un sentiment physique, qui ne peuvent plus, quelque effort qu'on fasse, être pensées et qui sont inexprimables.

Le scandale qui demeure, c'est qu'en l'absence des sensations du monde extérieur, il sorte de nous tant d'images insensées ; quand bien même le monde extérieur y contribuerait pour une faible part et comme de loin[1], nous serions responsables des interprétations disproportionnées et désordonnées qui s'ajoutent à ces légères excitations réelles, et il semble certain qu'une grande part de nos rêves surgit de notre fonds. En attendant que les psycho-physiologistes nous donnent sur tout ceci des renseignements dont la philosophie aurait à faire son profit, les causes qui déchaînent en nous le troupeau de nos rêves, il nous faut bien les chercher dans les énergies désorientées des centres multiples de la machine animale. Il se produit là un bruissement, un tumulte continu comme dans une ruche qui n'a plus de reine. Les organes ont été fatigués et surmenés par le service qu'ils ont fourni à l'âme ; le sommeil est la récréation qu'il faut qu'elle donne à la bête. Nous ne dormons qu'à cause de la bête qu'il y a en nous. La bête retournée à elle-même oublie ou nie ce qui est de ma raison, dément mon caractère moral, incline aux vils instincts, me suggère des monstres et dont je suis fasciné, parce qu'il faut que je me conforme à ses mœurs. Car la bête qui n'a pas de vraie pensée, pas de vrai moi, pas de liberté, par là même pas de pouvoir de se contenir et de douter, est constamment fascinée, soit par les images qui lui viennent du dehors sans qu'elle fasse retour sur elle-même, soit par les images qu'elle porte au dedans d'elle-même dans sa vie affective et musculaire. Encore les images qui fascinent la bête. qu'elles lui viennent du monde extérieur sous forme de sensations ou du dedans sous forme de mouvements, sont liées par l'ordre même des choses, et c'est pourquoi la bête en tant que bête est vraiment très sage. Mais moi qui par rapport au monde suis autonome et libre. ayant la raison,

---

[1] V. le livre bien connu de Maury : *Le sommeil et les rêves.*

qui puis douter de tout, tout décomposer et tout reconstruire à ma guise, je puis aussi, quand je suis en train de condescendre à la bête, produire des fantômes d'êtres, un monde irréel et, comme la bête, n'y douter de rien [1].

Si la bête est une sorte de dormeuse éveillée et qui rêve éveillée, dois-je en conclure qu'endormie elle ne rêve plus du tout? Il ne le semble pas. Il est vraisemblable que je n'ai pas seul le privilège bizarre de rêver, que certains animaux rêvent aussi. Qui ne connaît les vers de Lucrèce :

.... canes in molli saepe quiete
Jactant crura tamen subito, vocesque repente
Mittunt, et crebras redducunt naribus auras
Ut vestigia si tenent inventa ferarum [2].

Nous ne pouvons concevoir le rêve de l'animal que sur le type de celui de l'homme ; encore les images qui y passent doivent-elles s'écarter assez peu des images de la réalité, comme le sommeil de la bête n'est pas à l'ordinaire très différent de l'état de veille. Et très probablement l'animal ne sait pas faire la distinction du rêve et de la veille, oublie entièrement ses rêves ou ne soupçonne jamais qu'il a rêvé. Tant que nous dormons, nous acceptons nous aussi le rêve comme s'il était vrai ; au moins y a-t-il pour nous dans l'état de veille un jugement qui sépare nettement les images rêvées de la réalité vraie et qui marque la ligne où l'un des deux mondes finit à l'autre : si en dormant il nous arrive de nous douter que nous rêvons, ce commencement de jugement annonce ou appelle le réveil et dès que nous sommes réveillés, nous savons expressément que nous avons rêvé. Le rêve de l'homme serait donc déjà extraordinaire dans la nature par ce fait qu'il y a un jugement qui le connaît comme rêve ; selon les plus grandes probabilités, il n'est pas moins extraordinaire par sa prodigieuse extravagance ; il est extraordinaire dans la nature, comme la raison. L'homme a des rêves insensés parce qu'il est raisonnable.

---

[1] Tout ceci s'éclairerait peut-être par les formules suivantes : le doute est un pouvoir de notre raison, mais absolu et devenant par là dogmatique, il est absurdité, folie : tel l'état de Pyrrhon, du dormeur. Là il rejoint la bêtise.

[2] *De natura rerum*, IV.

Devons-nous croire avec Platon que le juste a des rêves qui répondent à la beauté de sa vie et à la noblesse de son âme ? Il y a des chances pour que les rêves des bons soient moins troubles et moins pesants que ceux des méchants. Il semble que la chair pour ainsi dire spiritualisée par quelque sainteté doive nous donner de rêver mieux. Qui en oserait répondre ? Il y aurait une instructive étude à faire sur la nature des rêves authentiquement connus dans leur relation aux hommes qui en ont été les auteurs ou le théâtre ; encore ne saurions-nous rien de tous les rêves qu'ont pu avoir ces mêmes hommes et qu'ils n'ont pas contés. Le même Platon se scandalisait de l'immoralité qu'il y a à certains de nos rêves ; si j'en crois les casuistes, les âmes les plus purifiées n'évitent pas cette humiliante chute. Quelle sphère le rêve ne touche-t-il pas ? preuve à la fois, semble-t-il, vaine et solide de notre infirmité et de notre puissance, de notre accablement et de notre élan illimité, où nous sommes serfs et par qui nous franchissons l'enceinte d'airain du possible et pressentons les mystérieux soupiraux du surnaturel. Quelques-uns de nos songes prennent à nos propres yeux une signification merveilleuse et profonde et, comment n'en pas convenir ? notre vie de dormeur est pleine d'un misérable fouillis de rêves, d'un détestable fretin de songes, comme un aquarium d'un tourbillon de monstres mouvants et indiscernables. Dans certains rêves nous bouleversons les lois de la nature et de la pensée pour demander à l'abîme de l'être quelque chose d'inouï ; bientôt nous nous forgeons une image digne du cerveau de la brute.

Mais si l'étendue des manifestations de l'involontaire et du subconscient est proportionnelle à la force et à la hauteur de l'esprit, ne pourrait-on se rendre compte par là de quelques phénomènes qui font pour ainsi dire scandale dans l'histoire des peuples ? Les plus grands, les plus nobles. au sens typique de ce mot, les plus humains d'entre eux ne sont assurément pas ceux qui, enrichis d'une longue expérience et exclusivement fidèles à des coutumes transmises. mènent une existence toujours semblable, comme les Chinois ou les Arabes pasteurs. Les plus grands peuples sont ceux qui, avec la plus large puissance de douter, ont aussi le plus énergique pouvoir d'affirmer ; qui, tels que les Athéniens dépeints par Périclès, ont le plus libre jeu du raisonnement joint à la vigueur de l'action. Quelques-uns de ceux qui dans l'histoire jouèrent les premiers rôles, les anciens Hellènes,

les Romains, les Italiens, avec plus ou moins de fidélité à une com-
plexion primitive, plus ou moins d'attachement à des mœurs fondamentales, ont hardiment modifié en de certaines périodes les conditions de leur vie politique et soumis à l'examen, à la critique, à la
raison les principes de la vie privée et publique. Les mêmes ont
donné parfois dans d'étranges excès, ils ont eu des crises d'emporte-
ment sans frein, ils se sont grandement écartés de la saine raison, ils
ont accumulé les crimes. On s'étonnera moins de ces contrastes si on
fait attention à la large part que se font l'inconscient et le subconscient dans la vie des peuples et particulièrement dans leur vie politique. De puissants mouvements y sont souvent déterminés par la fascination qu'exercent ou quelques hommes ou des idées mal définies,
fascination créatrice d'enthousiasme et de foi, conseillère de folie et de
désirs versatiles ; là apparaît ce fond précieux et dangereux de sentiment et de rêve où l'active raison d'un peuple tantôt s'exalte, tantôt
semble prendre à tâche de ne se prouver qu'en se démentant. Sur ces
symptômes, nous aurions certes le droit de ranger parmi les nations
qui portent à un haut degré le caractère d'humanité ce peuple français, le plus raisonnable peut-être des peuples, non assurément le plus
modéré, dont la conduite ne se laisse pas aisément réduire à une
sagesse empirique et pratique et dont les gestes, nul n'en disconvien-
dra, offrent une assez ample matière à l'admiration et au blâme. Il
n'est que discret de laisser aux étrangers le soin de se juger eux-
mêmes sur ces principes, s'il leur plaît d'en faire quelque application
à leur caractère et à leur histoire.

XXII

La morale qui veut chez un être une puissance intérieure de faire
une différence entre le meilleur et le pire ne saurait s'accommoder
d'un pur mécanisme. Certains événements, si le mécanisme est vrai,
peuvent être considérés comme avantageux ou fâcheux du point de
vue de la sensibilité et de l'intérêt ; du point de vue moral, ils se
valent tous, en ce sens qu'ils ne valent rien. Quant aux actes, selon
ce système, il n'y en a pas en ce monde, l'activité véritable étant relé-
guée peut-être dans quelque intermonde inaccessible ; et tous les
simulacres d'êtres dont ce monde est peuplé ne se distinguant les uns

des autres que par leur aspect extérieur : ce qu'on est tenté de prendre pour leur intérieur, cela même est extérieur, c'est la série des phénomènes simultanés ou successifs qui leur donnent l'apparence d'individus ; or cela ôté, ils ne sont rien ; ils sont tous égaux et pareils précisément en ceci, que leur intériorité est nulle. Une locomotive est beaucoup plus compliquée que le wagon qu'elle traîne : au point de vue de l'être intérieur, ces deux machines sont d'un même néant. A cet égard les phénomènes de la vapeur d'eau n'ont rien de plus éminent que ceux du frottement d'un essieu, ce sont de part et d'autre des phénomènes qui se déroulent suivant une inévitable loi ; si toute la matière ne reçoit sa loi que d'un mécanisme inébranlable, tout est égal à l'étalon de ce mécanisme, le sable de la mer et le pied du pêcheur qui le foule, un boulet de canon et le cerveau de Virgile.

S'il y a dans le monde des degrés de supériorité relative des êtres, ils ne sauraient donc résulter de la nature du mécanisme identique en tous. Pour que la supériorité d'un être par rapport à un autre soit réelle, il faut donc encore qu'elle soit autre chose qu'une plus grande complication de la machine en lui, puisqu'aucune machine ne saurait avoir d'autre valeur que celle du mécanisme également tout-puissant et également inviolable toujours. La complication des machines ne répond donc à des valeurs distinctes qu'autant qu'elle accuse la présence de quelque élément ou principe différent du mécanisme même et qui tend à le dépasser. Cette complication des machines ne présente donc quelque intérêt moral qu'autant qu'elle annonce l'activité d'un principe qui surmonte la dispersion et la multiplicité indéfinie des éléments matériels étendus en les organisant par un progrès synthétique. Le terme et le couronnement de ce progrès synthétique est marqué par l'état d'un être qui, étant une véritable unité, dirait : « moi » et du même coup serait distinct des éléments matériels qu'il maintiendrait en un même concours, serait libre et serait esprit. Être une personne et dire : « Je pense » est donc une supériorité sur la matière qu'on ne voit pas que la matière et le divers pourraient jamais donner.

Mais si la personnalité intérieure, réelle et concrète qui dit « Je pense » est la racine, le caractère, l'étalon de la valeur morale des êtres en ce monde, la forme de l'activité du moi qui pense devra se déployer et se laisser reconnaître dans les démarches par lesquelles l'esprit réalisera l'ordre de la moralité.

En effet, comme le Je-pense est un acte synthétique qui a déjà sa richesse en lui-même, il faut que l'homme, pour être capable de moralité, soit déjà riche de dons premiers ; il faut qu'en le formant, son créateur ait mis d'abord dans ses entrailles, comme le voulait Bossuet, la bonté ; il faut qu'il se porte vers la vie d'un mouvement déjà généreux, comme le demandait Descartes avec tant de noblesse, de vigueur et de justesse de vue.

Toute conduite proprement morale ne comportera pas moins une période en quelque sorte rétractile où une nature généreuse mettra fortement en doute la valeur de beaucoup d'objets de désir et d'action, se repliera sur elle-même, se refusera à beaucoup d'attractions et à beaucoup de voies et se concentrera sur soi non sans inquiétude et sans anxiété. Quelques-uns, qui ne sont pas généreux, en restent là et tâchent de se débarrasser de l'inquiétude par la modération des désirs et la médiocrité du vouloir. A eux correspondent les variétés de cette doctrine morale que Ravaisson appelle une pauvre philosophie, *paupertina philosophia*, une philosophie de petites gens, d'hommes de rien [1], qui craignent toujours de manquer et qui suppriment le doit, dans la pensée d'épargner un très court avoir dont ils entrevoient perpétuellement la fin. Ainsi les Épicuriens avaient rayé le devoir de leur compte et ils s'attachaient au petit bien que leur avait jeté momentanément le hasard. Par cette restriction d'eux-mêmes qui fait ressembler leur vie à un renoncement, mais qui les applique d'autant plus tristement au peu qu'ils détiennent, ils sont à la fois la caricature et l'envers de ce généreux qui, pauvre en esprit, possède tout comme ne le possédant pas et frappe son cœur qu'il sent battre pour en faire jaillir intarissablement les sources de la vie.

Car le généreux ne se concentre que pour se répandre.

Ainsi le premier moment de la morale est d'agir dans un sentiment spontané d'unité et d'union.

Le second moment est de se détacher des choses pour se poser en soi, dans son moi, dans sa pensée, de se mettre même à part de son organisme spatial et temporel, de s'en isoler en esprit, de se spiritualiser.

---

[1] *Testament philosophique*, Revue de métaphysique et de morale, janvier 1901, p. 5.

Une perversion singulière de cette démarche est le suicide que recommandèrent également celles des doctrines antiques qui prirent conseil de la matière et celles qui s'essayèrent à se spiritualiser ; car le suicide est celui qui veut s'isoler absolument des choses parce qu'il n'a plus la force ou la volonté de les surmonter, qu'elles le fascinent et qu'elles l'obsèdent. A moins que l'acte ne soit fou ou imposé peut-être par quelque atroce circonstance, il est l'immoralité même, l'acte du moi qui veut se nier ou qui se refuse.

Mais c'est une perversion beaucoup plus commune de la concentration nécessaire du moi que de s'isoler par égoïsme, de combiner les choses pour les rapporter à soi par une brève prudence et d'être avare de soi.

Car la moralité achevée est de se porter de nouveau vers les choses avec la volonté de les assembler dans une haute et profonde harmonie qui les transpose, les transforme et les transfigure : synthèse active qui les unifie en les vivifiant et où l'agent d'amour donne sa vie sans compter.

Tel est l'amour du saint qui va vers ses frères, du martyr qui se sacrifie pour eux, tel est le dévouement du soldat fidèle à sa patrie qu'il a voulue immortelle au prix de son sang, telle est la noblesse du savant épris du vrai, de l'artiste ivre du beau et qui s'oublie pour le servir. Telle encore la vie de l'ascète qui s'isole et qui affecte le monde et son propre organisme d'une sorte de signe négatif pour se concentrer vers la perfection spirituelle, qui s'absorbe dans la contemplation de ce qui passe ce monde en se mortifiant, en faisant de sa mort vécue un martyre, un témoignage continuel au principe de toute vie : car sa claustration n'a rien d'une Thélème morale, d'une cité intérieure de l'égoïsme et pour lui la prière douloureusement joyeuse est par excellence une forme efficace de la charité.

L'isolement misanthropique, quelle qu'en soit la source, eût-il des principes nobles ou délicats, est en effet pernicieux et marque d'un égoïsme caché, tout au moins de faiblesse pour soi et de complaisance secrète à soi-même : « Il y a moyen de faillir en la solitude », dit profondément Montaigne.

Et c'est l'immoralité même que de sortir de soi et d'aller vers toutes les choses du dehors parce qu'on s'en laisse fasciner, parce qu'on en subit passivement les suggestions sensibles. C'est là vraiment faire la bête, pâtir comme une machine par rapport à toutes les impulsions ou attirances du monde extérieur. C'est ne pas agir, mais être agi en agissant, et au fond, cela même, c'est douter de soi, puisque voici qu'on applique son pouvoir de douter à soi et non aux choses. En cédant aux passions, l'homme immoral se nie.

L'homme moral, au contraire, le juste, si du moins quelques hommes se modèlent sur ce type et lui ressemblent, affecte beaucoup de choses de ce monde d'un signe négatif, les nie et se refuse à elles. Ainsi par son abstention, son aversion, en n'agissant pas, il agit, il s'affirme lui-même ; et ce qui est plus parfait, il l'affirme plus fortement que ce qui l'est moins ; et ce n'est pas par égoïsme, c'est par amour de la perfection qu'il s'affirme lui-même au-dessus d'une chose, qu'il se veut et se souhaite plus haut que les vanités du monde, douteuses ou mauvaises.

C'est donc qu'il y a en nous un pouvoir d'ordonner les choses qui se présentent à nous, soit comme réelles, soit comme possibles, en les affectant expressément des valeurs que notre réflexion raisonnable y reconnaît. Mais c'est aussi un pouvoir de l'être raisonnable de se faire déraisonnable, de méconnaître ces valeurs et de les changer en y mettant des coefficients et des exposants volontaires et arbitraires qui les altèrent. Je ne puis me rendre aux raisons que M. Lachelier invoque contre la liberté, quand il dit : « La question se réduit donc à savoir s'il nous arrive de vouloir sans motif, ou, ce qui revient au même, sans tenir compte des motifs qui sollicitent notre volonté... [Or] personne... n'oserait prétendre qu'un homme sage, dans une occasion importante, prend indifféremment le parti qu'il juge le meilleur ou celui qui lui semble le pire ; et ce serait perdre notre temps que de peser, en pareil cas, le pour et le contre, si notre délibération était une pure affaire de curiosité et ne devait exercer aucune influence sur notre conduite[1]. » Mais tout homme n'est pas sage ni toute occasion importante. Les occasions dont on parle ici semblent être celles où il s'agit de décider de quel côté sera dans ce monde notre avantage ; et si le cas est ambigu, il est clair qu'un homme sage ne pèse alors le pour et le contre que pour céder aux meilleurs motifs et suivre le meilleur parti. Mais même dans ces occasions qui peuvent avoir leur importance, un homme moins sage qu'un homme sage ne pour-

---

[1] *Du fondement de l'induction*, V, pp. 72-73.

ra-t-il déjà pêcher par étourderie, paresse, imprudence ? Mais ces occasions souvent sont d'une importance médiocre ou très petite. Elles sont toujours d'une importance relative. Si importantes qu'elles puissent être, elles ne sont pas les plus importantes. Il n'y a qu'en matière de morale que les occasions soient toujours importantes et souverainement importantes. Or, dans ces occasions, nous n'avons guère besoin de délibérer pour savoir ce qui est meilleur et ce qui est pire, nous portons en nous-même une règle telle quelle de perfection à l'aide de laquelle nous ne jugeons pas toujours sainement, j'en conviens, de ce qui est meilleur ou pire, selon laquelle toutefois nous ordonnons immédiatement les valeurs relatives des possibles qui nous sont offerts, selon laquelle aussi nous savons très clairement que nous sommes obligés de choisir le parti le meilleur moralement et d'écarter le pire. S'il y a doute sur la valeur respective des deux partis, c'est une espèce pour la casuistique : elle peut fournir de beaux thèmes au drame et d'épineuses questions au directeur de conscience ; quelque parti que nous adoptions alors comme le meilleur, la conscience est sauve. La délibération, dans les occasions qui intéressent la moralité, ne porte donc pas essentiellement sur la question de savoir quel serait le parti le meilleur au point de vue moral, car nous en jugeons spontanément sur notre idée de la perfection ; et si nous ne pouvons pas en juger clairement en y mettant la sincérité voulue, la moralité n'est plus en cause. Nous délibérons parce que, sachant quel serait le meilleur parti, nous nous demandons, non pas si nous devons le suivre, mais si nous le suivrons. Et c'est là que nous sommes merveilleusement ingénieux, non pas à nous persuader d'agir « sans motif », ni à peser impartialement et sagement les « motifs qui sollicitent notre volonté », mais à lire de travers le résultat de la pesée qui s'inscrit de lui-même, à entraver sournoisement le jeu de la balance, à fausser nos calculs et à y introduire ces coefficients et ces exposants dont nous ne sommes jamais à court. C'est ainsi que nous changeons artificieusement et très volontairement les valeurs des choses et les valeurs des actes possibles ; et c'est ce qu'a saisi avec une étrange vigueur le redoutable et superbe Nietzsche, quand, décidé à tuer la morale, il a annoncé que sa tâche était de changer des valeurs.

On ne peut que les piper. Mais on le peut. En les changeant ainsi pour nous, au fond c'est nous-mêmes que nous changeons. En nous servant de notre pouvoir d'évaluation et de critique pour altérer le prix respectif attaché aux choses, nous mettons en doute la seule valeur en nous qui vaille tout à fait, la valeur morale ; nous doutons pratiquement de ce qui fait l'excellence de notre être, nous renions notre essence même. Au contraire, en gardant aux choses et dans notre pensée et dans nos actes la valeur relative qu'elles ont du point de vue de la perfection, nous affirmons notre être par cela même que, librement, nous l'unissons au bien. Nous ne sommes donc pas une simple expansion irresponsable d'un inconscient universel, comme dans le panthéisme ou le mécanisme ; nous sommes une personne qui peut toujours se changer par ce détour d'un taux volontaire qu'elle met aux choses dont elle connaît bien le prix.

Est-ce à dire que nous soyons dispensés de toute réflexion et de l'exercice de notre raison, que nous n'ayons qu'à regarder mécaniquement le tableau des valeurs constamment dressé en nous et à crier, comme Rousseau : « Conscience ! conscience ! » Cette méthode est suspecte : elle ressemble trop à une impulsion de la sensibilité ; il est à craindre que nous ne fassions dire à notre conscience ce qui nous fait plaisir ; cette manière couvre très bien les mouvements du sensualiste et ne dépare pas l'attitude du pharisien. Et d'autre part convient-il que, sous couleur d'exercice moral, nous mettions constamment en question les valeurs morales confirmées par la sagesse expérimentale et l'autorité de la conscience collective ? Que non pas ! Cela aussi est trop facile et ne fait rien pour la bonne conduite. Les transmutations ne peuvent être opérées dans cette sphère que par les plus sages efforts réglés par les plus hauts principes. C'est là surtout que tel qui passe pour un critique n'est qu'un brouillon. Notre pouvoir d'examen, c'est au dedans de nous qu'il est bon de le tourner, vers ces tendances plus ou moins obscures, constamment renaissantes et souvent si fortes qui, issues du fond de notre nature, nous excitent à bouleverser la valeur du meilleur et du pire, à nous donner ainsi des motifs apparemment valables de satisfaire en nous l'être passionnel et lâche. C'est du côté de cet examen de conscience intime et profond que l'énergie de notre raison aura beau jeu pour agir et pour combattre. Assurément celui qui soutiendra cette lutte verra mieux reluire dans son esprit l'image de la perfection, sera plus ardent à la vouloir, plus propre à la réaliser. Ce pouvoir de critiquer, de douter, de nier dont il est le maître, il l'emploiera à l'encontre de ces mouvements qui sourdent de son égoïsme subconscient ; il n'en sera que davantage lui-même et meilleur pour la vie. C'est par cette voie intérieure et malaisée que la liberté négative du doute passera excellemment à cette action positive qui veut le bien avec la raison la plus éclairée et y travaille par l'amour.

XXIII

Et certes il serait insensé de supposer la moindre ombre de doute dans l'Être tout connaissant et tout puissant. Ne semble-t-il pas, toutefois, que la sagesse de Platon et celle de la Bible aient voulu indiquer la valeur éminente de la circonspection, de la prudence, du retour sur soi, alors qu'après avoir montré le premier geste de Dieu dans la générosité qui suscite ou qui crée le monde, elles suspendent son action au moment le plus solennel de cet ouvrage : discours de Dieu qui s'apprête à introduire dans le monde l'âme humaine, méditation de Dieu qui dit: « Faisons l'homme à notre image. » A quoi la Bible ajoute ce troisième moment par où il nous a paru que la perfection morale était achevée, une volonté de se dévouer positivement dans l'action. Où trouver, comme je l'ai dit ailleurs, une idée plus haute pour aspirer notre nature morale? Où en trouver une autre qui satisfasse davantage aux demandes de notre être, qui corresponde mieux aux véritables mouvements de notre pensée ?

DIEU EST

A Descartes,

1. — Je ne crois pas, maître, que votre âme ait péri. Je ne sais elle peut m'entendre, je sais qu'elle ne peut me répondre. Mais elle le parle. Tandis que j'aperçois par ma fenêtre ouverte les crêtes ariées des Alpes et le dôme blanc de neige qui domine les toits de ville et les vastes étendues de la campagne, ou la nuit, sous la mpe, quand il n'entre plus jusqu'à moi que l'air pur et le silence ccru par le bruit d'une eau qui coule toujours, de vos livres répandus ur ma table, autour de moi, s'élève comme un exaltant effluve votre ensée, votre puissante pensée par laquelle vous avez augmenté la ertu essentielle de chaque esprit et fait honneur à la créature raison-able, à l'homme, œuvre de Dieu. Je m'entretiendrai avec vous en sant de la libre sincérité qui plaît aux mâles génies épris comme ous fûtes de la beauté du vrai et qui ne comporte jamais moins de étours qu'au moment d'aborder le problème le plus excellent.

Toutes les vérités l'indiquent pour ainsi dire par leur convergence, t il n'en est pas auquel vous ayez appliqué une attention plus exacte : s'agit de savoir si Dieu est.

2. — J'estime qu'en ramenant ma réflexion sur moi-même, vous 'avez ouvert une bonne voie pour aller à la certitude de l'existence e Dieu ; car si j'ai de grandes raisons de croire qu'il y a d'autres hemins qui nous y peuvent conduire, toutefois comme je ne connais ncore rien de la nature avec assurance et qu'il ne me semble pas y voir rien remarqué qui surpassât l'homme en dignité, à supposer 1ême que tout soit l'ouvrage de Dieu, je me porterais à sa connais-ance avec une espérance moins vive par les degrés des autres choses, je ne le trouvais pas d'abord chez moi : *Deus in nobis*.

Il était donc d'une grande importance et d'une droite méthode de

8

me bien connaître tout de suite, et c'est pourquoi j'ai dû refaire pour mon compte cette recherche de moi-même que vous recommenciez, sans le savoir, après saint Augustin et que vous pensiez conclure immédiatement en disant : « Je suis. »

3. — Or il a paru depuis vous des esprits infirmes qui ne vous ont pas suivi et des esprits vigoureux qui ont contesté avec vous. De ceux-ci le chef de chœur est Kant.

Ce fut un fort honnête homme, et son œuvre n'est pas sans quelques ressemblances avec la vôtre. Il ne se proposa rien plus délibérément que de mettre la conduite pratique et le respect du devoir au-dessus d'une insolente spéculation, comme vous aviez mis à part les règles d'une sage et haute morale avec les dogmes de votre foi. Mais depuis vous, on s'était aperçu qu'il y avait difficulté à maintenir conjointement la liberté morale de l'homme dans ce monde et l'idée du mécanisme que vous aviez contribué, plus que personne, à fortifier et à promouvoir. Ce mécanisme de l'univers dont vous aviez donné une grandiose et naïve ébauche dans votre système des tourbillons matériels, il sembla se présenter comme une vérité de fait dans le système de la gravitation universelle de Newton, dans ce qu'on allait appeler la mécanique céleste. Les principes expérimentaux de la physique recevaient ce caractère mathématique que vous aviez souhaité de leur donner. Du même coup la physique participait à cette qualité parfaitement rigoureuse dont on avait toujours reconnu le type dans la mathématique même, et on ne vit plus de science que dans un enchaînement des notions strictement déduites et des phénomènes inébranlablement déterminés. Comment dans cette machine du monde, dans le déroulement perpétuel de cette Nature, dont on se faisait d'ailleurs par le sentiment une idole, un fétiche, concevoir un corps humain ou même une psychologie humaine qui ne fussent pas serfs des lois de la nature et de la science ? Comment admettre, sans tout déranger, l'exception d'un être qui se produisît dans la nature sans être une pièce entre autres de ce développement machinal ? Kant en prit son parti et avec un autre sérieux que le misérable La Mettrie, comme lui tout de même, il fit en faveur de cette prétendue science l'homme-machine. Il entendait bien se rattraper par ailleurs. On vivait dans un temps qui était tel qu'on ne jouit jamais avec plus de délices de la médiocrité de la pensée. Comme il arrive dans ce cas, on se faisait modeste et on avait les prétentions les plus étendues. Vous aviez noblement marqué des limites à l'entendement en haussant au-dessus de lui l'ordre de la volonté libre. On renonçait à la volonté libre pour la remplacer par la volonté naturelle, qui n'est rien, c'est-à-dire par la sensibilité, la passion. La passion veut que tout soit facile. On voulait donc résoudre tous les problèmes, toutes les diffi-cultés facilement, à l'aide de la lumière naturelle, des « lumières » qu'on n'a presque pas la peine de se donner ; et c'est ainsi qu'on abais-sait votre théorie de l'entendement et de la lumière naturelle, non peut-être sans que vous en soyez un peu responsable, vous qui avez indiqué toutes les voies et qui avez trop donné à croire que toute la science physique était très aisée à faire. On retenait la limitation de l'entendement pour plus de commodité. On se piquait d'ignorer beaucoup de choses et de répandre partout une irrésistible et limpide clarté. Il fut de mode de ne rien savoir, mais de tout expliquer. Kant ici encore, mais avec profondeur, fut disciple de son siècle. Il défen-dit, à l'entendement de connaître des choses en elles-mêmes et ne voulut rien recevoir de réel que de la sensibilité, c'est-à-dire qu'il n'admit dans notre connaissance spéculative que des phénomènes dont il pouvait faire une science. Mais par là même il interdisait à la spé-culation l'arrogance avec laquelle elle aurait prétendu nier une liberté en soi, suprasensible, et il rétablissait au sommet de sa doctrine, soit à titre positif, soit à titre de postulats, cet ordre à la fois ration-nel et libre vers lequel vous aviez tourné nos plus hauts regards et qui dépasse l'entendement. Il restait que l'homme-machine ne fût plus que le déroulement naturel de l'homme moral libre ; et par de sub-tiles recherches mathématiques, le philosophe, vers la fin de sa vie, tentait de concevoir comment le caractère moral, ce miracle, pouvait s'insinuer dans la trame de la nature sans qu'il y paraisse, sans être miracle, sans faire scandale.

4. — Mais dans la tâche qu'il avait entreprise de chasser de notre connaissance toutes les choses en soi, comme il dit, il avait rencontré ce moi que vous aviez pensé atteindre et poser là substantiellement, et il n'avait pas hésité à s'y attaquer, se rendant compte que c'était bien une pierre d'angle que sa doctrine devait emporter, sinon elle s'y bri-serait tout entière.

Il jette d'abord la suspicion sur la psychologie substantialiste, sur la valeur intuitive du *Cogito*, en constatant la prétendue impossibilité où on s'est trouvé de construire par cette méthode et avec cet objet une vraie science, car on continue de disputer, en dépit du dogmatisme, touchant la simplicité de l'âme, sa liberté, son immortalité, sa nature, sa destinée.

L'objection ne va pas loin, car elle ne fait état que des contradictions des philosophes, sans juger si ceux qui nient la psychologie substantialiste ont tort ou raison : et quand il reproche à ce chapitre de la philosophie dogmatique de n'avoir pas et de ne pouvoir pas prendre de caractère scientifique, cela suppose l'idée qu'il se fait lui-même de la science. Mais ce n'est là qu'une cartouche à blanc, une fumée élevée avant le travail de la mine.

Voici comment il se prend à la pierre d'angle, essayant de la faire éclater. Sa tactique est d'y suivre une fissure. Il distingue dans ce moi prétendûment substantiel le moi empirique et le moi logique.

Empiriquement, dit-il, nous ne nous voyons pas nous-mêmes; quand nous pensons, nous ne voyons jamais que notre pensée. Ce n'est pas nous, c'est nous sentant ou pensant ceci ou cela ; ou mieux encore, c'est telle sensation, tel sentiment, telle image, telle pensée; en un mot nous ne voyons jamais en nous que des phénomènes de pensée, mais nous comme chose en soi, non pas.

Notre moi ne nous est connu que logiquement, comme une forme, la forme de ces phénomènes de pensée. Telle la forme d'un tourbillon qui peut-être n'est rien sans les éléments concrets qui y entrent et qui en sortent. Ces éléments concrets sont ici représentés par tous ces phénomènes qui entrent dans ce moi et en sortent et qui n'ont une valeur réelle que parce qu'ils la prennent dans l'intuition de la sensibilité; et ce n'est qu'une réalité de phénomènes, car la sensibilité ne nous donne jamais autre chose avec son intuition ; et elle seule est intuitive.

Logiquement, il est vrai, il faut que toutes les perceptions soient rapportées par les diverses formes et catégories de l'esprit à un sujet pensant. Mais on n'a jamais le droit de passer de la logique au réel. Le réel ne nous est fourni que par la sensibilité. L'expérience tout à l'heure ne donnait pas le droit, la logique maintenant ne donne pas le fait. Dix mille kilogrammes emporteront un kilogramme, mais cette assertion incontestable ne prouve pas que les dix mille kilogrammes existent. Or nous ne voyons pas l'existence du moi réel et en soi. Il n'y a donc pour une philosophie critique qu'un moi logique. un moi pure forme, un moi pur, l'unité synthétique de ce que le philosophe appelle l'aperception pure.

Mais encore d'où vient le sentiment par lequel nous assistons à notre vie comme à celle d'un sujet pensant qui serait nous, sentiment qui fait que nous disons : « moi ». Car c'est ce qui ne pourrait résulter ni d'une pure forme, ni d'un moi logique. Ce phénomène à son tour se produit parce que l'entendement, qui a besoin, pour penser, de l'unité d'aperception, a déterminé la sensibilité à rapporter tous les phénomènes qui traversent ma forme, mon tourbillon, à un même centre, sorte de point vif, de *focus sensibilis*, qui prend le caractère et le nom d'un sens intérieur. C'est comme si l'entendement avait plié la sensibilité selon la courbe d'une lentille, de manière à ce qu'elle renvoyât ce qu'elle reçoit d'ailleurs et ce qu'elle voit en elle-même vers un même foyer. Mais un foyer n'existe pas en soi et on ne peut donner comme une unité en soi ce qui est composé de la réunion artificielle de la diversité même.

C'est ainsi, concluait Kant, que moi-même en tant que forme logique je m'affecte moi-même en tant que phénomène d'un sens intérieur, sans que je me saisisse ni subjectivement ni objectivement comme un sujet réel, comme un être en soi et sans que la philosophie dogmatique puisse affirmer en vertu d'aucune intuition intérieure ni d'aucun raisonnement spéculatif que mon moi existe comme chose en soi, substantiellement ; mais aussi ne peut-on pas affirmer le contraire.

5. — Il est clair que Kant, à la suite de son siècle, a pris le Je-pense comme la constatation du fait et de la sensation de penser; car dire que mon moi pur s'affecte lui-même à travers sa sensibilité de manière à déterminer un sens intérieur de ma pensée, c'est donner à la sensation le nom distinct d'affection pour la circonstance, mais c'est toujours revenir à la sensation même ; c'est dire qu'on sent ses pensées ou qu'on se sent penser. Kant n'est donc pas descendu profondément dans le Je-pense qui n'est pas sensation de penser, mais qui est conscience. Son introspection morale lui apprenait pourtant que ni la suite des phénomènes de notre pensée ni même leur arrangement formel et accidentel ne révèle à beaucoup près le fond de notre être ; et que ne voyait-il que cela n'est pas vrai seulement dans l'ordre

de la moralité, mais aussi dans tous les autres ? L'instinct commun va en cela plus avant que cette philosophie critique, phénoméniste et formaliste. Dans notre vie de chaque jour il s'en faut de beaucoup que nous réglions notre connaissance des hommes, notre conduite avec eux et tout le mouvement de notre être par rapport à eux sur les images extérieures qu'ils nous donnent d'eux-mêmes ; nous avons par quelque chose comme cet esprit de finesse dont parle Pascal, une intuition intime de leur être qui, à nos risques et périls, passe beaucoup ce que leur enveloppe même psychologique nous apprend d'eux. C'est un contact d'âme à âme sans lequel le reste n'est rien, sans lequel il n'y a pas d'amour. Mais Kant n'eut pas l'amour. Les êtres les plus simples, un enfant, une femme vivent ainsi, naturellement savent cela sans le savoir ; un subtil dialecticien l'ignore.

6. — Toutefois vous voyez assez, maître, comme il était nécessaire, après cette âcre et insidieuse critique, de montrer que le *Cogito* demeurait dans son intégrité, de rentrer dans la pensée pour la retrouver une, active et libre. Pour cela, il me fallait la débarrasser de cette force physique dont Maine de Biran avait cru devoir la doter, car cet élément physique ne faisait que l'entraîner presque invinciblement vers l'inertie ; il me fallait la purger de ce réfléchissement sur la matière qui en adultérait irrémédiablement la simplicité, dilater le *Cogito* à la mesure de sa propre taille pour trouver en dedans de l'air, du jeu, de la vie qui ne fussent qu'à lui, en reconnaître les membres non point comme fait Kant dans des formes ou conditions hypothétiques sans existence concrète, mais en les exerçant réellement dans l'unité synthétique de l'acte ; et fort de cette conscience rationnelle qui n'est ni sensation ni sentiment, mais intuition et évidence de soi-même à soi-même, restituer dans une position inattaquable cette vérité qu'en somme Maine de Biran devina, exprima et hasarda à la fois, à savoir que si dans ma vie affective je sais parce que je sens, dans ma vie spirituelle en tant qu'elle s'extériorise, si je sens et je perçois, c'est parce que je fais.

7. — Et certes en tout ceci je n'ai point acquis un petit profit, car je n'y ai pas seulement gagné de savoir très certainement que je suis, mais du même coup j'ai saisi sur le vif le rapport de l'être à l'image qu'il donne de lui et qui sans lui ne serait pas. Ainsi j'ai soufflé à

jamais sur tous les systèmes de philosophie qui ne me représentaient le monde que comme un monde d'images et qui en faisaient le déroulement d'une illusion, d'une Maia sans consistance et sans fond. J'ai soufflé sur ces fantômes et ils se sont dispersés ; ils se sont évanouis dans le néant sur lequel ils se faisaient une fausse gloire de reposer. Qu'ils retournent dans le vide sur lequel ils disent qu'ils s'appuient et d'où ils ne peuvent dire comment ils sont venus ! Tel fut cet idéalisme de Hume, la plus parfaite *fata morgana* d'entre eux, et cet idéologisme de Condillac et de toute sa manécanterie, à quoi je ne me ferai pas faute d'ajouter le criticisme kantien qui n'est que l'armature logique de l'idéalisme : un empirisme ou un phénoménisme qui par une sorte de sens intérieur essayerait de s'imaginer un squelette extérieur qu'il ne verrait pas et qu'il déclarerait invisible, telle la chrysalide irréelle d'un tisseur de non-être. Et dans le même non-être je rejetterai tous les idéalismes creux, tous les kénologismes qui sont sortis à sa suite, comme d'immenses larves, du puits de l'inconscient et de l'abîme du rien.

Je ne me laisse plus troubler, comme fit Kant, par la célèbre critique que fit Hume de l'idée de cause, car il est clair que Hume ne pouvait découvrir de cause en considérant des suites d'images. Quiconque se tournera vers cette variété peinte et mobile n'y verra pas de cause, car la cause n'est pas une image. Elle est l'acte réel, vivant, concret par quoi l'être donne une image de soi, et ainsi seul connaîtra la cause celui qui prendra son point de vue de l'intérieur de soi et agira.

8. — Et à ce propos, maître, il y a une réparation que je vous dois. Longtemps je fus indisposé contre vous parce qu'après avoir prononcé : « Je pense, donc je suis », il vous arrive de dire, par exemple dans votre seconde méditation et encore dans la sixième, que vous êtes une chose qui pense. « Pourquoi, murmurais-je en moi-même, et je le disais même quelquefois tout haut, pourquoi Descartes, après avoir si bien affirmé qu'il pense, donc qu'il est, ajoute-t-il qu'il est une chose pensante ? Car penser, c'est agir, donc c'est être, d'autant qu'être, c'est agir. Pourquoi, après avoir ainsi montré si vivement son être dans son acte essentiel, ajoute-t-il cette chose ou substance qui semble par comparaison quelque chose d'inerte, un je ne sais quoi lourd et matériel qui amortit le trait de l'affirmation, le tiré

en arrière pour le faire rentrer dans l'obscure région de ce qui serait
sans agir et ainsi vraiment ne serait pas ? » En cela, j'étais l'écho de
beaucoup d'autres et même d'un philosophe que j'admire et qui m'ha-
bituait à tout voir dans le brillant mouvement de l'acte. Mais en me
mouvant moi-même dans le *Cogito*, j'ai bien discerné que vous n'avez
pas eu tort. Car je m'y suis vu capable de je ne sais quelle infinité
d'actes et, pour faire court, de trois que je puis, autant que je le veux,
remplacer l'un par l'autre, affirmer, nier, douter ; et cela non pas
de telle sorte que mon être s'épuise dans quelqu'un de ces actes, ni
qu'il se transporte successivement dans chacun d'eux ; mais dans le
même moment où je doute, je suis le même qui peut affirmer et nier,
et ainsi de suite, et je demeure sous tous ces actes, substantiellement.
C'est ce que vous avez parfois signifié, pour ainsi dire bonnement,
en disant, non seulement que l'essence de votre âme était de penser,
mais, songeant à cette diversité de vos pensées, que vous étiez une
chose pensante. Qu'eussiez-vous fait? Il vous fallait un mot, et quand
vous n'écriviez pas en latin *res cogitans*, vous parliez français, ce qui
est si rare aujourd'hui.

9. — Voici donc, maître, ce que j'ai appris dans votre commerce
et aussi dans mon intérieur que vous m'avez si bien averti de revoir
exactement : je suis réellement une substance, si profonde que je n'en
sais ni n'en vois moi-même le fond, mais à qui par nature appartient la pensée et qui par une action causale organise des images de
soi et les propose au dehors. Sur ce type de connaissance raisonnable
je me représente tout ce qui est susceptible de tomber sous ma connaissance ; et que j'en aie quelque autre représentation qui me satisfasse, c'est ce qui ne saurait arriver. Je puis bien par abstraction et
par fantaisie, en vertu de ma liberté d'esprit, séparer l'image de l'être
d'où elle rayonne ; ainsi je puis feindre par caprice que le monde est
une image variable et kaléidoscopique sans cause ni fond. C'est
l'amusement que se donnait Hume. Mais comme je suis fait, il ne
peut y avoir là pour moi, pour l'homme, qu'un jeu d'esprit. Je me
sépare radicalement des philosophes qui ne veulent connaître que des
phénomènes glissant sur le vide ; cela est un état d'esprit et mon état
d'esprit en est un autre. Nous ne raisonnons pas avec le même organe.
C'est en vain que quelqu'un d'entre eux me proposerait, pour rendre
la partie sérieuse, d'établir que la causalité réglera cette fantasmagorie

avec un inébranlable empire, jamais nous n'aurons été plus loin de
nous entendre. Car précisément il n'y a et il n'y aura jamais pour
moi le moindre enchaînement de causalité d'aucun phénomène à
aucun autre. Tous les antécédents phénoméniques d'un phénomène
qui va suivre immédiatement fussent-ils donnés sans exception, je n'y
verrais encore ni aucune cause directe de la conséquence, ni aucune
disposition logique qui par sa propre vertu la contraignît de se produire. L'ensemble des antécédents ne sera pour moi que la condition
indispensable, jamais suffisante, du phénomène attendu ; et celui-ci,
je ne le considérerai que comme l'effet d'une substance, d'un être.
Ainsi, loin que la causalité n'ait de place que dans le monde sensible,
c'est là que selon moi elle n'en aura jamais ; loin qu'elle aille de phénomène à phénomène, elle ira toujours de l'être au phénomène ; loin
qu'elle soit la forme où s'adapte le seul monde sensible, c'est dans le
monde suprasensible qu'elle aura sa sphère d'application et tout le
jeu de son ressort.

Je ne pourrai même vous concéder, maître, ce que vous sem-
blez admettre par places et particulièrement dans la troisième méditation, que peut-être les idées ou images s'engendrent les unes les
autres, comme une suite de clichés qui dégénéreraient du modèle
primitif ; mais il ressort de mon principe de philosophie qu'aucune
image ne sera suivie de quelque autre semblable ou analogue sans
être retournée au contact de l'être : aucune image ne se déploiera en
une série d'images soit dégradées, soit meilleures, qu'en repassant
chaque fois par l'objectif, par l'être.

Si donc l'idée à son tour est cause, c'est dans ce retour, dans ce
rapport à quelque être qui en est modifié. Toute idée est produite,
non de rien, mais de l'être : et elle n'est pas produite pour rien, mais
pour l'être et elle agit sur l'être. Elle n'est donc pas une chose inerte
qui serait là, éclairée du dehors par quelque lumière naturelle diffuse
et répandue vaguement sans foyer, mais elle est constamment la
partie éclairante de l'être profond, lumière elle-même. Il y a toujours
au-dessous d'elle quelque synthèse concrète et réelle qui se manifeste
par elle en l'émettant et dont elle est l'image visible, sans qu'elle se
confonde avec cette réalité dont elle participe et d'où elle rayonne.
C'est ce que j'apprends dans le *Cogito* même, car je sais là raisonnablement que je suis moi et que j'agis mon idée de moi qui ainsi
participe de moi-même ; et sans doute à son tour cette idée que je me

fais de moi, ce concept que je m'en donne, cette image que j'en émets
et que je me propose agit sur moi, mais je ne suis pas l'idée bigarrée
que j'ai de moi après tant de reflets disparates que j'ai reçus des choses ; et si je suis en quelque manière mon idée de moi, c'est parce
que d'abord je suis moi et que j'agis intérieurement mon idée de
moi.

10. — Irai-je jamais douter de cette réalité substantielle et concrète
de mon être, quand je la sais-ainsi immédiatement et raisonnablement ? *Absit.* Je ne puis vous suivre dans cette hypothèse d'un Dieu
trompeur où vous vous laissez emporter et devant laquelle vous sus-
pendez toute vérité. Je sens bien que vous le faites par une certaine
générosité qui vous induit noblement à vous poser les problèmes sous
la forme la plus difficile pour que le triomphe du vrai soit tout à fait
incontestable. J'entends bien aussi que même dans la supposition
d'un Dieu trompeur, vous estimez que le *Cogito* nous met dans l'impossibilité pratique de douter et nous donne le droit de ne douter
point[1], que vous voulez examiner ensuite si nous avons le droit de
nous souvenir de notre existence comme d'une vérité sans avoir
recours de nouveau à l'introspection intuitive, si enfin nous avons le
droit de regarder comme assurées les vérités déduites, c'est-à-dire de
constituer la science, avant d'être assurés de la véracité de Dieu
c'est presque dire de la véracité continue de la vérité même.

Mais la recherche est gratuite, puisque la vérité une fois posée est
par définition toujours vraie, puisque nous disposons dans le *Cogi*
d'une vérité intuitive immédiatement connue, puisque la vérité du
Cogito nous assure de la vérité des principes de pensée avec lesquel
nous enchaînons nos pensées et puisque les enchaînements de pensée
sont rassemblés par une vue synthétique en un tout intuitivement
connu où les défaillances de la mémoire n'ont pas lieu.

Et la recherche est caduque d'abord, quand vous l'instituez en sup
posant que Dieu peut être trompeur. J'aperçois bien qu'ici enco
vous mettez en usage votre méthode du doute ; car il n'est pas sûr qu
Dieu soit trompeur : il l'est ou il ne l'est pas. Mais comment le sau
rez-vous ? Car votre hypothèse laisse intacte et doit laisser intac

---

[1] V. *V^e méditation* et les *Réponses aux secondes objections.*

cette notion commune que Dieu est tout-puissant. Or je veux bien que
la toute-puissance et le mensonge répugnent; ce serait déjà dire que
votre hypothèse est vaine. Mais si Dieu est tout de même trompeur,
ce qui fait partie de votre hypothèse même (il l'est ou il ne l'est pas)
comme il est tout-puissant, il aura le pouvoir de vous tromper sur sa
nature, de vous faire croire qu'il est véridique quand il ne l'est pas et
de vous abuser, non seulement sur la valeur de vos déductions les
mieux suivies, mais même sur la valeur de vos intuitions les plus
immédiates et de vos notions les plus irrécusables. Ainsi non seulement nous ne pourrons plus raisonner, mais nous manquerons même
des principes antérieurs à notre raisonnement ; et il ne nous restera
plus qu'à nous taire, à nous abîmer sans rien dire dans le désespoir
absolu de toute pensée. Le premier terme de votre alternative : Dieu
est trompeur ou il ne l'est pas, supprime l'examen de l'autre ; c'est
dire qu'elle ne se pose pas pour un doute raisonnable et méthodique
et qu'elle n'est pas pour la raison. Or je ne prétends pas que nous
sachions rien par là sur la nature de Dieu et que nous sachions qu'il
n'est pas trompeur, puisque nous ne savons pas même encore qu'il
est. Je dis que la question qui fait l'objet de ce doute n'est pas posée,
puisque, pour qu'il y ait doute, il faut qu'il y ait au moins une alternative et qu'ici l'un des deux termes de l'alternative supprime pour la
raison l'examen du second et même l'examen du premier. Notre
méthode de doute voulu était donc à sa place quand il s'agissait de
prouver à autrui notre liberté et notre être, mais ici elle n'a rien à
faire; et c'est avec l'entière et définitive certitude de notre existence
intuitivement connue, avec l'assurance préalable de la certitude de
nos principes de pensée, que vous-même ne mettez jamais en doute,
heureusement infidèle en cela à votre hypothèse de Dieu trompeur.
qu'il nous faut examiner, non pas si Dieu est trompeur ou s'il ne l'est
pas, mais bien si Dieu est ou n'est pas.

11. — Mais d'abord ne laisserons-nous pas la question en suspens ?
C'est le parti que prit Kant et il pensa de fort bonne foi qu'il le devait
faire, au moins du point de vue de la raison spéculative. Si on peut
prouver l'existence de Dieu, disait-il, il n'y a plus de mérite à croire
en Lui ; nous n'y sommes plus obligés, mais forcés et dès lors nous
ne sommes plus en quelque sorte pour rien dans notre croyance et elle
n'a pas de valeur pour nous aux yeux de Dieu même. En conséquence

de quoi, il se réfugiait dans l'attitude sceptique qui du point de vue spéculatif n'affirme ni le oui ni le non, ni le pour ni le contre, comme il s'y était engagé d'ailleurs par toute sa doctrine en ce qui concerne les choses en soi. Scrupule en l'espèce singulièrement faux et dont il eût été bien délivré, s'il avait mieux senti la dignité de la question et mieux connu la nature humaine. Il prétendait abaisser l'orgueil de la raison spéculative, mais aussi c'était la mettre trop bas. Car si elle ne peut vraiment atteindre l'être de rien, ni le sien ni celui du Père qui est dans le ciel, elle n'aura plus de confiance que dans l'empire avec lequel elle règne sur le monde, elle ne manquera même pas de se l'exagérer en l'absence de tout point de comparaison qui la rabatte et il ne lui restera précisément que l'orgueil dont on a voulu la purger. Il voulait sur la ruine du dogmatisme théologique élever un théisme moral, fils légitimé en somme d'un déisme sentimental. L'expérience ne lui avait guère appris ce que fait le déisme et ce qu'il vaut à l'user. Si après la *Monadologie* ou les *Nouveaux Essais* il avait un peu lu quelque moraliste profond, Platon ou Pascal, il aurait déjà mieux su ce que peut la philosophie même la plus rigoureuse pour imprégner l'âme et la conduite des hommes du sentiment du divin : c'est-à-dire à peu près rien. Il y avait de sa part une illusion de dialecticien à s'imaginer qu'il maintiendrait les hommes dans un théisme efficace par des déductions métaphysiques. Le déisme n'est pas une demeure, c'est un pont pour passer à l'athéisme quand on se sépare de la religion et pour passer à la religion quand on vient du naturalisme. Pour nous donc à qui est chère toute la splendeur de la nature humaine, nous voulons voir de quel achèvement est capable la raison de l'homme, sans en retrancher cette noble partie spéculative, laquelle ôtée le reste ne garde rien que de mécanique et d'insignifiant. Ceux chez qui même l'automate eduqué par l'esprit croit à Dieu ont toujours regardé d'un œil favorable l'effort que fait la raison naturelle pour s'élever au sommet; et qui sait si nous n'éveillerons pas chez les autres quelque généreux courage?

12. — Mais de quel point d'appui disposons-nous pour prendre notre élan et enfin qu'est-ce que ce Dieu que nous voulons connaître et dont il y a tantôt longtemps que nous parlons sans en déterminer l'idée?

Nous n'avons encore de certain par devers nous que l'intuition raisonnable de notre *Cogito* ; mais il n'est pas malaisé de nous apercevoir que notre idée de Dieu n'est pas sans rapports avec ce que nous avons connu de la nature de notre être dans le *Cogito* même.

Ce Dieu, vous le définissez en maints endroits par des traits toujours semblables et qui se trouvent bien rassemblés dans la troisième méditation, quand vous dites qu'il est une substance infinie, éternelle, immuable, indépendante, toute connaissante, toute puissante, créatrice de toutes choses, jouissant en un mot d'une souveraine et actuelle perfection.

Je suis assurément prêt à souscrire à l'énoncé de toutes ces hautes déterminations ; encore me semble-t-il que vous les recevez un peu pêle-mêle de la tradition commune, d'ailleurs très respectable en soi, et qu'il ne serait pas impossible d'y mettre plus d'ordre et même de les enrichir.

Avec un peu d'attention, il ne m'échappe pas que je m'élève à l'idée de Dieu en considérant pour ainsi dire dans leur achèvement des commencements de valeurs positives que je remarque en moi, et c'est la méthode que vous avez vous-même constamment indiquée, la voie de l'éminence.

La valeur positive du *Cogito* est expressément contenue dans le Je suis, où la réalité spirituelle est posée avec le caractère formel de l'affirmation.

Or dans le Je suis, comme un examen immédiat peut nous en convaincre et comme le tableau des catégories de la réalité spirituelle nous en avertit d'avance, outre une substance qui enveloppe des virtualités diverses, il y a une action de connaissance ; et entre l'être et la connaissance qu'il affirme de lui-même, il y a une relation : relation qui n'est pas un simple rapport intellectuel et abstrait, mais où il y a au contraire une affinité intime de la connaissance avec l'être, une amitié de l'une avec l'autre et comme un transport commun, mutuel et volontaire qui les unit, relation intérieure et forte où la substance se projette activement dans la connaissance d'elle-même et où l'action de la connaissance se porte par un choix raisonnable et complaisant vers l'être dont elle participe, en excluant délibérément la négation et le doute.

L'être, la connaissance et l'amour raisonnables, voilà donc les éléments de la réalité spirituelle présents dans le Je suis, et je vois bien que l'idée que j'ai de Dieu doit contenir ces mêmes éléments à l'état éminent et souverain.

Cet état ne saurait m'être représenté en quelque manière que par le rapprochement de ces éléments et des catégories du *Cogito* qui n'ont pas encore apporté de contribution et dont la fonction est précisément de fournir à la réalité affirmée des attributs qui la spécifient. On est donc amené à regarder, dans chacun des ordres de ces catégories, la valeur positive éminente : ainsi l'affirmation s'est présentée d'elle-même parmi les catégories de la qualité formelle pour s'unir à la réalité dans le Je suis.

En effet, dans l'idée que j'ai de Dieu, je suis disposé d'abord à reconnaître l'infinité de l'être, l'infinité de la connaissance et l'infinité de l'amour ; et c'est peut-être à cette première représentation de la divinité qu'obéissent spontanément tous ceux, philosophes et poètes, qui imaginent Dieu, non seulement présent, mais mêlé partout, substance unique et infinie de tout phénomène, de toute aperception, de tout geste : la classe de ces grands et émouvants naturalistes qui sont panthéistes.

Mais cette idée se précise, s'élève et se purifie quand elle se présente à moi avec la qualité réelle qui lui convient. Car Dieu dès lors n'est plus coextensif avec l'infinité de l'être, mais avec l'infinité de l'être parfait, et ainsi je devrai le voir partout sans le mêler à rien d'imparfait ; et comme il aura l'infinité de l'être parfait (les deux prédicats tombent sur les catégories de la réalité spirituelle, ou le prédicat quantitatif et extensif sur le prédicat qualitatif et compréhensif où il s'absorbe), il aura la connaissance infinie et parfaite et l'amour infini et parfait : il aura l'infinité de l'être en tant que parfait, non toute forme d'être, non la forme de l'ibis par exemple ; l'infinité de la connaissance en tant que parfaite, non toute forme de connaissance, non la forme passive par exemple ; l'infinité de l'amour en tant que parfait, non toute forme d'amour, non l'amour du mal par exemple ; et il sera ainsi d'un mot la perfection de l'être.

13. — Nous ferions l'économie de tout raisonnement, si dans cette idée que nous avons de l'infinie perfection de l'être, nous trouvions immédiatement l'existence de l'être infini et parfait, l'existence de Dieu ; et c'est ce que vous avez cru pouvoir faire, restaurant la preuve dite ontologique et affirmant à diverses reprises avec beaucoup

de force que l'existence de Dieu résultait immédiatement de la vue
que nous avions de son essence, ou autrement : que son existence
était contenue dans son idée. Car la perfection dont nous avons l'idée
implique nécessairement, pensiez-vous, à titre d'attribut l'existence
même ; et que serait une perfection qui ne serait pas réellement ?

Votre méthode générale, qui tendait sagement à tout ramener à des
intuitions, vous donnait une grande propension à découvrir l'existence de Dieu dans une intuition immédiate et souveraine, garantie
de toutes les autres ; mais de ce qu'un tel trésor d'intuition vous
paraissait désirable et nécessaire, il ne s'ensuit pas que vous ayez
ici appliqué à propos la méthode intuitive. Et comme il s'agit ici de
la seule vérité, non de votre mérite propre comparé à celui de plusieurs autres philosophes, il faut bien que je juge ce procès contre
vous en faveur de saint Thomas, de la scolastique traditionnelle, de
vos adversaires Caterus, Gassendi et de Kant. L'existence positive
n'est pas un attribut qui s'ajoute à d'autres ni qui en résulte, car si
l'existence était un attribut, en s'ajoutant à d'autres, elle ne ferait que
s'ajouter à titre d'attribut à d'autres attributs, et nous n'aurions
qu'une collection d'attributs qui justement manqueraient de suppôt.
L'idée de perfection n'implique pas l'existence réelle, mais l'idée
d'existence ; ou encore, l'idée intellectuelle de perfection n'implique
l'existence qu'intellectuellement en idée, non comme réalité substantielle et vivante et il faut bien que nous cherchions une autre voie.
C'est vous-même, maître, qui me l'ouvrirez. Il nous faudra raisonner. Qu'importe ? si nos raisonnements s'appuient sur des intuitions
évidentes et si la suite de nos raisonnements embrassés d'une même
vue participe jusqu'à la fin de l'évidence des intuitions qui leur servi-
ront de principes.

14. — Le premier de ces principes et qui va justement contre la
preuve ontologique, c'est que l'idée n'est pas l'être substantiel. Ce
principe, nous le puisons intuitivement dans le *Cogito*. L'idée que
j'ai de moi n'est pas moi et je ne suis pas une idée. Mais l'idée que
j'ai de moi n'est pas non plus indépendante de moi. L'idée que j'ai
de moi est de moi en effet, en tant que je la produis, et ainsi elle a
quelque chose de moi qui peut agir soit sur les autres, soit sur moi-
même. Certes elle n'est pas un pur rien et c'est ainsi qu'elle est cau-
sante, mais c'est après avoir été causée. Elle porte toujours en soi en

tant qu'idée quelque chose de l'être dont elle est l'acte et c'est ce qui se trahit en elle par ce que vous en appelez la réalité objective.

Après cela, qu'on prononce qu'il n'y a pas besoin de substance pour que le monde soit, que le monde peut bien n'être qu'un complexus et une suite d'images et qu'ainsi il aura l'être, non substantiel, il est vrai, mais un être idéal suffisant, c'est à quoi je n'entends rien, comme je l'ai dit; et j'ai dit aussi que je voulais laisser ces beaux idéalistes ratiociner de leur côté sans me mêler de leurs fantaisies, car, selon une remarque que je trouve fort bien exprimée, ils ont « le crâne autrement fait que moi ». Comme je connais en moi une substance, une action réelle et une relation vivante de ces deux premiers termes, ma forme de pensée m'impose de comprendre le monde sur ce type et de considérer comme un rêve ou comme un poème sans moelle un phénoménisme, qu'on le donne pour fortuit ou pour réglé.

J'avoue que la métaphysique est un champ merveilleux pour se divertir et qu'on y a beau jeu ; mais, en conscience, il y a des règles du jeu et certes, maître, vous en énoncez la règle d'or quand vous rappelez à chaque instant que le néant ne peut rien produire, qu'il y a répugnance à ce que de rien procède quelque chose, que le plus ne peut sortir du moins, que le plus parfait ne peut être une suite et une dépendance du moins parfait. Voilà une intuition merveilleusement évidente et j'aurais singulièrement honte, m'écartant, d'être en passe de m'y faire ramener. Je ne veux avoir rien de commun avec ceux qui la mettent en oubli et derechef j'abandonne à leurs artifices ceux qui chantent que le monde est une série d'idées qui sortent du vide.

15. — Mais ne suis-je pas du même coup sur la voie de ce qu'il y a de profond, de sain et de solide dans votre théorie de l'essence et n'est-il pas à propos que j'essaye ici de me rendre un compte exact des ressources que l'essence nous apporte peut-être avec elle? Nous avons ce tort que ce mot ne nous dit plus grand'chose, déshabitués que nous en sommes précisément par l'esprit idéaliste qui s'est infusé en nous de tous ces systèmes, où l'idée n'est que l'idée, strictement égale à elle-même, toujours également fantomatique à quelque degré qu'on la place. Ce n'est pas un petit mérite d'un de mes amis, M. Han-

nequin, d'avoir fixé l'attention sur cet élément de votre philosophie qu'on perdait de vue[1].

L'essence, c'est la définition de la chose, soit qu'on puisse la fournir, soit que, n'y réussissant pas, on imagine qu'un être plus savant et plus pénétrant que nous pourrait la donner ; et c'est aussi tout ce qui suit nécessairement de la définition de la chose, toutes les propriétés qui y sont impliquées, soit qu'on les aperçoive, soit qu'on suppose qu'elles pourraient être aperçues et développées.

Il est clair que ce que vous appelez la réalité objective de l'idée, que ce que j'en appelle plus simplement, dans un langage plus conforme à notre présent usage, la valeur positive, résulte de l'essence de l'idée ou des essences qui sont contenues simultanément dans une idée.

L'essence est donc le concept fondamental de la chose ou les concepts principaux qui concourent dans l'image complexe de la chose.

C'est un concept, une idée encore ; et à cause de cela même, je demeure ferme dans ma conviction que l'essence ne me donnera jamais immédiatement l'existence de la chose pensée dans cette essence, de l'objet réel imaginé dans cette essence, que l'argument ontologique ne me mettra jamais en possession de l'existence de Dieu. L'essence ne me fournit que des possibles, non une réalité. De ce que je puis définir la chimère, il ne suivra pas qu'il y en ait aucune dans le monde ; de ce que je conçois un triangle, il ne suit pas qu'il y en ait aucun réellement ; mon idée de la perfection n'implique pas en soi qu'elle soit réalisée.

Mais ce que je sais d'autre part et en quoi nous nous accordons, c'est qu'il n'y a aucune image, aucun concept, aucune idée qui ne procède d'une réalité substantielle. Il se peut donc que l'idée ne me fournisse pas précisément la réalité de l'objet qu'elle me propose, mais néanmoins elle m'annonce toujours un être ou des êtres qui la produisent.

Dès lors, que vous reproche-t-on de passer illégitimement de l'essence à l'être, sinon parce que dans la fausse preuve ontologique vous identifiez l'être à l'essence et parce que depuis Kant, dans tous les rai-

---

[1] *La preuve ontologique cartésienne défendue contre la critique de Leibniz.* Revue de métaphysique et de morale, juillet 1896.

sonnements qui peuvent avoir quelque trait à l'existence de Dieu, on s'est accoutumé à voir tout de suite des symptômes précurseurs de cette preuve ontologique?

Mais il en va tout autrement, et si vous passez de l'essence à quelque être, c'est par le retour le plus légitime et le plus régulier, parce que d'abord vous avez passé de quelque être à l'essence.

Jamais il ne vous est entré dans l'esprit, et je vous en loue, qu'au fond d'une idée quelle qu'elle soit il n'y ait pas un être, une substance qui en soit cause ; qu'il puisse y avoir une idée au monde qui n'ait pas de rapport à un être, comme produite par cet être ; qui ainsi ne signale par quelque essence l'être substantiel en qui est sa source[1].

Dès lors je puis bien, pour soulager mon esprit et le récréer par une comparaison sensible, dire que les essences intellectuelles impliquées dans les images sont comme ces essences odorantes qui viennent à nous dans de légers flacons. Qui pourrait reconstituer la figure de la rose, parce qu'il a débouché la fiole de verre doré et approché ses narines du liquide qu'elle contient ? Néanmoins l'huile est essentielle : elle nous apporte quelque chose qui signale la substance d'où elle est extraite et avec laquelle son affinité est à tant d'égards méconnaissable.

Et pour moi, qui me défie moins que vous de la valeur objective des sensations dont je tiens la perception d'un monde extérieur, j'irai jusqu'à dire que non seulement les essences intellectuelles ont du

---

[1] V. *Médit.*, V, de « Mais il se présente encore une autre voie.. » jusqu'à « Et d'autant plus longuement » Dans les *Rép.* aux secondes objections : *axiomes ou notions communes*, V : « D'où il suit que la réalité objective de nos idées requiert une cause dans laquelle cette même réalité soit contenue, non pas simplement objectivement, mais formellement ou éminemment. Et il faut remarquer que cet axiome doit si nécessairement être admis, que de lui seul dépend la connaissance de toutes les choses, tant sensibles qu'insensibles ; car d'où savons-nous, par exemple, que le ciel existe ? est-ce parce que nous le voyons ? mais cette vision ne touche point l'esprit, sinon en tant qu'elle est une idée, une idée, dis je, inhérente en l'esprit même, et non pas une image dépeinte en la fantaisie ; et à l'occasion de cette idée, nous ne pouvons pas juger que le ciel existe, si ce n'est que nous supposions que toute idée doit avoir une cause de sa réalité objective qui soit réellement existante ; laquelle cause nous jugeons que c'est le ciel même, et ainsi des autres », etc., etc.

rapport à l'être qui substantiellement les produit, mais que même les images sensibles (je ne dis pas les images affectives) peuvent bien véhiculer avec elles quelque chose qui annonce la réalité substantielle d'où elles naissent.

Point d'image sans être substantiel ; point d'image sans une ou plusieurs définitions par lesquelles on puisse en fixer l'idée. Mais je tiens que ces définitions ne sont pas toutes d'ordre intellectuel et ainsi j'avoue que je donne au mot *essence* un sens plus étendu que vous : il est de l'essence de l'or d'être un corps métallique, fusible, ductile, inoxydable, pesant, brillant en masse. Quel être est là-dessous, quelle substance ? Je ne le sais pas. Mais vous convenez qu'il y en a une dont ces images ou idées sont des produits, relatifs à moi tout au moins. Rien ne vient de rien, nulle image ne vient du vide, un être réel et concret est sous l'apparence des choses. L'arrangement, non seulement des essences intellectuelles dans l'idée, par exemple l'arrangement des éléments intellectuels dans l'idée du triangle, mais, à mon sens, l'arrangement esthétique et moral des éléments dans une image ou un concept quels qu'ils soient, en un mot la réalité objective de l'idée, comme vous dites, ou, comme je dis, sa valeur positive signale un être qui soit capable de la produire : ce qui est plus parfait ne peut venir du moins parfait.

Nous avouons d'ailleurs volontiers qu'il peut être extrêmement difficile, souvent aventureux, parfois impossible de désigner, à travers les idées ou images et à l'aide de leur valeur positive, l'être ou les êtres substantiels auxquels il faudrait les rattacher comme à leurs causes. Que penserons-nous de l'ouvrier égyptien qui cisela ce scarabée de jade, retrouvé dans un tombeau ? Il nous sera aisé de mettre à part la matière et le travail et nous pourrons même apprécier, d'après quelque mesure. le degré de perfection où a été portée l'image qui vient à nous sur son exemplaire de pierre. Mais qui était cet artiste dont nous tenons dans notre paume le délicat et durable témoignage ? Tout au moins savons-nous quelque chose de ses indispensables outils. de ses moyens d'expression, de sa vision des choses, de son âme. de sa race. Nous ignorons également quels sculpteurs ont taillé la Vénus de Milo et les monstres de l'île de Pâques : le marbre serein et les étranges colosses nous avertissent toutefois d'auteurs dissemblables. Encore de tels cas, proposés pour servir d'illustration, sont-ils choisis parmi les plus faciles, et le problème pris dans sa généralité philosophique donne lieu à de sérieuses perplexités. Voici en somme et au fond comme vous en raisonnez, y appliquant la règle d'or. Je vous suivrai pas à pas, sans me faire faute de cette liberté avec laquelle je cherche le vrai quand je m'aide de votre pensée.

16. — Rangeons dans une première classe toutes les idées confuses qui impliquent en elles-mêmes quelque impossibilité intrinsèque : un carré rond, un triangle de quatre côtés, une convexité concave, un mobile arrivé avant d'être parti, une couleur qui n'est pas susceptible d'être perçue et autres semblables coq-à-l'âne qu'il serait fastidieux d'imaginer.

Ces idées n'ont pas d'essence, elles ne peuvent être définies, elles sont contradictoires en soi, elles n'ont pas de nature. Mais regardons-y de plus près et nous verrons bien qu'on peut leur appliquer ce que vous dites dans votre première méditation des images des songes : « Toutefois, il faut au moins avouer que les choses qui nous sont représentées dans le sommeil sont comme des tableaux et des peintures qui ne peuvent être formés qu'à la ressemblance de quelque chose de réel et de véritable, et qu'ainsi, pour le moins, ces choses générales, à savoir des yeux, une tête, des mains et tout un corps, ne sont pas des choses imaginaires, mais réelles et existantes. Car de vrai, les peintres, lors même qu'ils s'étudient avec le plus d'artifice à représenter des sirènes et des satyres par des figures bizarres et extraordinaires, ne peuvent toutefois leur donner des formes et des natures entièrement nouvelles, mais font seulement un certain mélange et composition des membres de divers animaux ; ou bien si peut-être leur imagination est assez extravagante pour inventer quelque chose de si nouveau que jamais on n'ait rien vu de semblable, et qu'ainsi leur ouvrage représente une chose purement feinte et absolument fausse, certes à tout le moins les couleurs dont ils les composent doivent-elles être véritables. »

Ainsi de nos coq-à-l'âne. Si un carré rond est une absurdité, un carré est une idée possible, un rond aussi et ainsi de suite. Il y a là des idées raisonnables qu'il est seulement déraisonnable de lier ensemble. C'est le périlleux privilège de la liberté raisonnable de l'homme de pouvoir déraisonner. Ainsi, au fond même des idées les plus insensées, on trouve d'une part des natures qui ne répugnent pas à l'être, des essences susceptibles de définition, des images qui n'impliquent pas de contradiction interne, et d'autre part ces idées insensées ont encore leur cause dans un être réel qui les fait, à savoir en moi.

17. — Portons maintenant notre attention sur ces idées qui n'impliquent pas de contradiction interne : telles les idées d'un chiliogone, d'une montagne, d'un lion, d'une chimère, d'un ichthyosaure. Qu'il y ait ou qu'il n'y ait pas de chiliogone, de montagne, de chimère ou d'ichthyosaure en effet dans la nature, peu importe à présent ; ces idées du moins sont possibles, elles peuvent être formées sans folie.

Qu'est-ce à dire ? Prenons garde que ces idées ne sont pas simples ; elles sont positivement formées par l'assemblage d'idées plus simples, l'idée de côté, d'unité, l'idée de masse minérale, d'œil, de tête, de griffe et autres ; celles-ci sont comme les membres de l'idée totale. Sont-elles simples à leur tour ? Je ne crois pas, à beaucoup près au même point que vous, qu'il soit en tout facile de parvenir à des natures simples ou, pour être plus exact, je ne crois pas qu'il soit possible ni qu'il y ait lieu d'y arriver jamais : la simplicité pure qui serait l'absence de toute synthèse n'est pas représentable, c'est le néant. Je n'emploie donc pas expressément le terme *essence* dans le même esprit que vous, qui croyez rencontrer immédiatement dans les essences des natures simples et qui ainsi pensez donner des définitions de la matière, de l'esprit ou de Dieu qui en épuisent ou en circonscrivent toute l'essence. Mais nous sommes d'accord sur ce point que les idées dont nous venons de parler comportent quelque définition, qu'on peut exprimer raisonnablement ce que c'est qu'une griffe, une tête, un œil, une masse matérielle, une unité, un côté.

Or, comme ces idées sont possibles, il y a aussi des manières possibles de les assembler ; il n'est pas absurde ni contradictoire d'imaginer qu'elles sont assemblées par un choix convenable pour former un ichthyosaure, une chimère, un lion, une montagne, un chiliogone.

C'est une question de savoir si elles sont assemblées, liées en effet, c'est-à-dire réellement ; dans ce cas elles ont pour support et pour cause un être réel, une montagne, un lion.

Si elles ne sont pas liées réellement, elles ont pour support et pour cause actuelle de leur liaison encore un être réel, moi par exemple qui imagine un ichthyosaure, bien qu'il n'y en ait plus aucun dans la nature, ou un chiliogone régulier, bien qu'il n'en existe aucun selon toute vraisemblance, ou une chimère qui ne fut ni ne sera jamais.

Or, parmi ces liaisons possibles d'idées, il n'y en a aucune qui doive nécessairement subsister, en effet, dans la nature. A l'égard de la réalité, elles sont toutes, pour me servir de votre expression, contingentes. Nous disons qu'elles sont, sous ce rapport, empiriques. C'est à l'expérience de décider s'il y a un chiliogone, une montagne, une chimère réels.

Mais d'autre part, précisément parce qu'elles sont, au point de vue de l'être réel, contingentes, elles relèvent de ma pensée en ce sens que je puis, par fantaisie, supposer qu'aucune d'elles ne serait réalisée. D'un mot, le monde pourrait ne pas être.

Quelqu'un vous dit qu'il est. Vous n'en voulez rien savoir, tant que vous n'en serez pas assuré par la véracité divine et par le criterium de la clarté et de la distinction qui rayonne pour vous de l'être divin. Par une de ces hardiesses dont vous êtes coutumier, ce monde que vous pouvez défaire en idée, vous allez jusqu'à supposer que vous le faites peut-être en idée sans le savoir. Et ce que vous êtes capable de faire inconsciemment, pourquoi n'essayeriez-vous pas de le refaire savamment, dans la lumière de la clarté et de la distinction, comme mécanisme universel ?

Pour moi, maître, je ne crois pas qu'il soit ni nécessaire ni utile de remonter jusqu'à Dieu pour établir la réalité du monde et je ne puis pas du tout me servir dans le même sens que vous de votre criterium de la clarté et de la distinction. Combien de choses que vous avez crues claires se sont trouvées obscures ! combien distinctes, qui se sont trouvées confuses !

18. — Vous indiquerai-je mon criterium de la réalité des choses ? Je le prends exactement à l'opposé de celui qu'admet aujourd'hui la philosophie dominante. Comme ils croient que le monde est une fantasmagorie subjective et que par conséquent notre perception est une hallucination, la réalité pour eux, c'est l'hallucination en tant qu'elle est vraie. La perception que j'ai de ma table se distingue des

images de mes songes en ce qù'elle demeure en connexion et en dépendance mutuelle avec les autres images et perceptions que j'éprouve au cours de ma vie. Ils suivent en cela une indication suggestive que vous avez donnée dans votre sixième méditation et à laquelle d'ailleurs je ne souscris pas. Mais comme à leur gré le monde est tout entier en images et comme d'autre part ils estiment que ce monde tout entier est lié par un universel mécanisme, en disant que mes hallucinations vraies se distinguent par la mutuelle dépendance qu'elles ont entre elles, il est bien évident qu'ils ne disent rien, car mes hallucinations fausses, celles de mes songes, obéissent comme les autres au mécanisme, elles sont donc dans cette mutuelle dépendance de toutes les images qui ne souffre aucune exception et elles ont exactement la même réalité et la même valeur que toutes les autres.

Aussi, suivant à mon tour une indication meilleure que vous avez donnée deux fois dans ce même ouvrage, je n'hésite pas à dire que le criterium de la réalité des choses et de la vérité de mes perceptions, c'est justement l'indépendance. J'entends l'indépendance par rapport à moi. Je crois à l'existence de l'astre Sirius, parce que chaque fois que je tourne mes regards vers une certaine région du ciel par un temps convenable, il ne dépend pas de moi de ne pas le voir briller. Le contrôle des sens les uns par les autres n'est donc nullement nécessaire ; personne n'a jamais eu de Sirius aucune sensation qui ne fût de la vue. Il n'est pas nécessaire non plus que la perception dure longtemps, comme il arrive pour cet astre dont les prêtres égyptiens déjà surveillaient le lever, avant la crue du Nil. En 1811, toute l'Europe a vu une comète qui n'avait jamais paru aux yeux de ces hommes et qui s'est éloignée : nous ne doutons nullement qu'elle ait lui pour tout de bon. Un éclair dure la centième partie d'une seconde ; nous le croyons très réel.

Il n'est pas nécessaire davantage que nous puissions suivre le cours d'une réalité de manière à la rattacher par une vue continue à ses états précédents ; par une nuit d'orage, chaque éclair nous manifeste un état diversement bouleversé du ciel ; chaque état, nous le tenons pour réel.

Et chacune de ces images, chacun de ces phénomènes, nous le logeons dans une substance qu'il déclare et d'où il dépend par un lien de causalité.

Or parmi ces phénomènes que je loge dans des substances et qui ne dépendent pas de moi en ce sens qu'ils m'imposent leur perception, je m'aperçois assez vite qu'il y en a dont je dépends toujours. Le jour où j'ai fait cette remarque, j'ai fait un grand pas vers la distinction de la réalité et du songe. Avec quelque expérience de la vie, il devient très invraisemblable pour moi que je me retrouve dans ma chambre, couché dans la même posture, et que j'aie entre temps pris part à vingt scènes diverses sans avoir eu le sentiment de passer d'un lieu à l'autre. En outre, je ne retrouve pas sous une forme ou sous une autre quelque substance à laquelle je puisse rattacher les images de mes songes comme à leur cause. Et pourtant je ne puis les laisser en l'air. Incité par diverses remarques, je prends le parti de les situer en moi. Les perceptions fausses, les images irréelles sont celles qui ne sont pas indépendantes par rapport à moi, celles qui dépendent de moi comme de leur cause, celles qui sont dans la dépendance de ma nature.

Ainsi la distinction du réel et de l'irréel résulte d'un double jugement d'attribution à une substance.

Ce jugement n'est pas aussi spontané qu'il semble, il a besoin d'être appris et formé. Comme les images de nos songes semblent s'imposer à nous avec indépendance, nous ne les distinguons pas d'abord des images réelles, et incurablement nous continuons de les croire réelles chaque nuit en dormant. Le premier moment du raisonnement par lequel nous les séparons des images réelles est représenté par la théorie de l'hallucination qui, étant une théorie empiriste, s'appuie au fond sur l'habitude et appelle vrais en somme les phénomènes qui s'accompagnent habituellement. Elle dira qu'il est vrai que je dors dans un lit et même qu'il est vrai que je rêve, parce que cela arrive régulièrement, mais que mes rêves sont faux parce qu'ils sont faits d'images exceptionnelles, de synthèses bizarres.

Mais l'exception et la bizarrerie ne sont pas signes de l'inanité des phénomènes. La destruction de Lisbonne par un tremblement de terre fut un phénomène exceptionnel, il fut très réel. Un chœur d'hommes habillés en grenouilles et récitant des vers grecs est un phénomène bizarre ; il se produisit effectivement à Athènes au théâtre de Dionysos. Une féerie du Châtelet ressemble à un rêve, néanmoins elle se déroule réellement. Dans chacun de ces cas, je puis rattache les phénomènes à des substances qu'ils ont manifestées et qui ne sont pas moi.

Dès que je ne puis plus faire cette attribution, j'entre en doute sur le caractère réel du phénomène. De très bonne foi et très raisonnablement, je puis douter dans certains cas si j'ai eu un éblouissement ou si j'ai vu le reflet d'un éclair ; ce n'est pas douter si j'ai vu un éclair, c'est douter s'il est venu de moi et en ce sens fut irréel ou s'il fut l'effet extérieur d'un fluide électrique, s'il fut réel.

Mais si ce doute est possible, que devient mon criterium de l'indépendance ? Si je puis inconsciemment être la cause de phénomènes qui me semblent venir du dehors, comment ferai-je avec sûreté l'attribution de phénomènes tantôt à moi, tantôt à des causes extérieures ? Ne suis-je pas en bonne logique obligé de ramener toutes les images à un même ordre, celui de l'hallucination qui se produit d'elle-même sans que je sache comment ? et quel recours me reste-t-il sinon, rejeté sur la théorie que j'écartais, de distinguer entre mes hallucinations celles qui s'accomplissent avec quelque régularité habituelle et celles qui montrent plus de fantaisie.

Je serais bien malheureux, si j'étais réduit là, car voici que j'expliquerais contre la règle d'or le conscient par l'inconscient, le plus parfait par ce qui l'est moins. Tant s'en faut. Si je caractérise la réalité des phénomènes par leur indépendance à mon égard et leur situation dans une substance extérieure, si je juge irréelles les images de mes songes, ce n'est pas par une opposition immédiate entre mes perceptions soi-disant liées d'homme éveillé (elles ne le sont pas toujours) et mes perceptions désordonnées de dormeur (elles ne le sont pas toutes). Il y a entre elles un intermédiaire qu'on ne remarque pas et qui est le fait principal pour mettre de l'ordre dans cette difficulté : c'est que je rêve toujours, et beaucoup plus et beaucoup mieux quand je veille que quand je dors. Par la pensée la plus consciente, je me transporte tout éveillé dans les lieux que je veux instantanément, je bâtis mes paysages, mes circonstances, mes événements, mes idées. Quoi donc ? N'est-ce pas là toute ma vie ? Toute ma vie, sauf précisément qu'en même temps, toujours, un monde extérieur s'oppose à moi et s'impose à ma perception indépendamment de moi, se distinguant immédiatement de mon rêve par ce caractère même

Car ce rêve, que je le mène ou que je le suive, je sais que j'en suis cause, je sais que je ne cesse pas de l'agir, soit que je le laisse s'épandre naturellement, soit que je le dirige, soit que je le contienne, soit que je l'excite ; et je reconnais le monde extérieur à ce caractère que le courant qu'il m'envoie vient heurter, déranger, irriter, souvent aussi régulariser, ordonner mon rêve intérieur, Les choses sont les berges, semblables ou variées, mouvantes, mais toujours solides entre lesquelles bon gré mal gré coule la vie de mon rêve.

Le point délicat, mais aussi le nœud de tout ceci, c'est que pendant le sommeil, ce rêve que j'agis, je ne sais plus que c'est moi qui l'agis. Les images que je produis affectent vis-à-vis de moi l'indépendance du monde extérieur. Je perds le pouvoir de me contrôler, de réfléchir, d'être raisonnable, c'est-à-dire je me méconnais moi-même, je ne sais plus quelle est ma nature, je m'ignore tel que je suis essentiellement, je suis inconscient de ce que je suis ; aussitôt ce que ma nature continue de produire, je ne sais pas que je le produis et il me devient étranger comme un monde extérieur où je serais mêlé sans liberté morale.

Aussi la connaissance du rêve en tant que rêve est-elle acquise, nullement naturelle, œuvre de réflexion, et j'ai déjà pu dire que si l'animal rêve, il ne sait pas qu'il rêve. C'est par une opération toute intellectuelle, toute raisonnable, après comparaison avec mon rêve perpétuel d'homme éveillé que je prends le parti de faire rentrer mon rêve de dormeur dans la même catégorie. Je prends plus délibérément ce parti à mesure que j'avance en âge, que ma raison affermie devient plus lucide et plus consciente. Je m'explique l'inconscient par le conscient.

Si je perds la lumière du conscient, de la réflexion, le contrôle sur moi, mon rêve intérieur prend à mesure l'allure indépendante d'un monde extérieur. Telle image peut me hanter avec autant et plus de force qu'une perception extérieure ; mon hallucination peut prendre toute la netteté, la suite, l'enchaînement, la régularité où les partisans de l'hallucination vraie voient les caractères relatifs à la vérité ; mon hallucination peut aller jusqu'à s'insérer dans le tissu des perceptions réelles de ma vie : je n'ai jamais été plus fou. Si un pauvre être se trouve dans un état semblable sous l'influence de l'hypnose ou de la suggestion, plus ses images sont liées, moins il est lui-même ; plus elles lui représentent un vrai monde, plus il est loin du monde réel.

Quelque effort légitime et raisonnable que je fasse d'ailleurs pour rapporter à moi comme cause mon rêve d'homme qui dort sur le type de mon rêve d'homme qui veille, à cause même de l'affinité de ces deux rêves, il ne m'est jamais permis d'affirmer que je suis cause unique et exclusive ni dans l'un ni dans l'autre. Dans le seul *Cogito*, où je fais abstraction de tout phénomène, ma pensée est adéquate à mon acte. Hors de là, c'est-à-dire dans tout le cours de la vie, je ne suis jamais tout à fait éveillé, comme aussi je ne dors jamais tout à fait. Le conscient se mêle toujours de quelque inconscient. De là vient que parfois je ne suis pas parfaitement sûr d'avoir éprouvé une perception extérieure réelle; il peut s'être soulevé en moi quelque image échappée des parties subconscientes ou inconscientes de mon action, de ces parties de mon être qui sont engagées dans ma vie tout organique, et dans ce cas l'image a pris vis-à-vis de moi, en vertu de son origine et comme il arrive dans le songe ou rêve proprement dit, le caractère apparent de l'indépendance et de la réalité. J'ai cru voir, entendre, sentir, et je ne sais trop qu'en penser. Je me dis fort bien : « Ai-je rêvé ? »

D'autre part, comme la lumière de ma conscience n'atteint jamais tout à fait toute la production des phénomènes de mon rêve, je ne puis légitimement affirmer que tout mon rêve, même d'homme éveillé, vient de moi. L'inconscient est une porte ouverte : je conclus raisonnablement que ce qui passe par cette porte vient de moi, comme ce qui est conscient; mais puisqu'il est inconscient, je ne le vois pas surgir de moi comme ce qui est conscient, je ne sais pas directement qu'il en surgit, et ainsi je n'ai pas le droit d'assurer que parmi les choses qui viennent à moi par cette porte, il n'y en a aucune qui n'ait pour cause quelque autre substance que moi. Je ne puis pas dresser tous les certificats d'origine. En fait, dans le rêve intérieur que nous déroulons tout éveillés, il n'est personne qui n'ait cru sentir des influences mystérieuses qui interviennent tantôt pour nous hausser au-dessus de nous-mêmes, tout en nous faisant plus nous-mêmes, tantôt pour nous abaisser et nous abattre. L'artiste, le penseur connaissent bien cet afflux radicalement indistinct auquel ils donnent dans les meilleures circonstances le nom d'inspiration, émus de son approche quand elle les touche, qu'ils vénèrent avec une sorte de culte pudique et craintif comme une belle chose voilée même quand ils la ressentent, et dont ils sont incertains si elle vient toute d'eux-mêmes alors qu'ils la provoquent par la volonté la plus ferme. Une même part de mystère entre dans toute notre vie morale, accompagne jusqu'aux plus humbles démarches de notre vie pratique. A plus forte raison est-il interdit de poser comme une règle qu'aucune cause pour nous occulte ne peut nous atteindre par la porte de nos songes et ne peut leur communiquer ce caractère atroce qui fait parfois notre angoisse, leur donner ce caractère extraordinaire et sublime qui nous laisse jusque dans la veille un goût d'enthousiasme.

Si donc le criterium de la réalité des images, leur indépendance vis-à-vis de moi, est en lui-même très certain, il demande dans l'application du jugement, et ce qui est le nerf du jugement, le tact et ce qui est la sauvegarde du jugement, la prudence. Enfin comme mon rêve est de moi, il appelle le contrôle : il peut se faire qu'il ne garde aux yeux de tous que la valeur creuse d'un rêve ou qu'il devienne au contraire pour les autres comme une sorte de réalité nouvelle qui agisse sur eux à la façon d'une cause. S'il sort de moi et s'évapore avant d'être devenu pour les autres un principe de perception et d'action, il semble qu'il n'ait atteint qu'une sorte de demi-être, mirage qui s'évanouit en retombant sur la source d'où il émane.

Mais dans tous les cas, que les images soient réelles ou creuses, que leur assemblage soit raisonnable ou absurde, je puis les supposer par fantaisie toutes supprimées, réduites à rien et avec elles les êtres qui les produisent. Je puis détruire par la pensée tous les éléments de ces images et en dissocier, en délier tous les assemblages. Telle est ma liberté dans l'ordre des choses contingentes ou empiriques.

Il semble pourtant, maître, que vous ayez donné un exemple d'une liaison empirique d'images qui ne dépende pas de moi et que je ne puisse dissocier : c'est dans votre cinquième méditation, quand vous dites qu'on ne peut concevoir une montagne sans vallée, c'est-à-dire sans une pente latérale. Mais cet exemple n'est empirique qu'en apparence, car il revient à dire que si on se donne une certaine région plane comme base, on ne peut imaginer un angle élevé sur cette base sans imaginer en même temps que les côtés de l'angle, à partir du sommet extérieur à la base, s'y inclinent en s'en rapprochant. Cet exemple est donc au fond géométrique.

19. — Or ceci nous amène à considérer une nouvelle classe d'idées, celle où les liaisons m'apparaissent immédiatement comme indissolubles et à cet égard ne dépendent nullement de moi. Elles sont en

assez grand nombre, vous les dénommez *notions communes* et pour qui s'y applique, il y en a un trésor indéfini dans les mathématiques. Un triangle plan étant posé, il ne dépend pas de moi que la somme de ses angles ne ressorte pas à la valeur de deux angles droits. Cela est vrai. Être vrai est une manière d'être en quelque sorte privilégiée. Cette manière d'être subsiste quand même toutes les choses empiriques ou contingentes ne seraient pas et quand même personne dans le monde empirique n'aurait jamais su la géométrie. Aussi avez-vous vu dans cette immuable manière d'être, déjà toute déterminée par la définition, une essence, d'autant que *essence* vient d'*esse*, être ; et comme être ainsi, subsister à jamais, être toujours, être vrai, c'est être quelque chose, vous vous êtes laissé aller à dire que « la vérité est une même chose avec l'être[1] ». En quoi je vois bien que vous avez outrepassé, car c'est confondre l'être intellectuel avec l'être réel et pour ainsi dire cette subsistance avec la substance.

Mais à mon tour j'avoue, conformément aux principes certains de notre doctrine commune, qu'il serait absurde que ces idées pussent subsister éternellement, je ne dis pas en l'absence de tout être appartenant au monde empirique qui les connût, car elles demeureraient et demeurent dès à présent parfaitement vraies en ce sens-là, mais je dis : en l'absence de tout être qui les supportât. Car elles ne seraient ni dans l'intellect d'un être empirique ni dans aucun autre, elles n'auraient donc aucune réalité même intellectuelle, elles ne seraient nulle part, elles ne seraient pas ; et dans l'instant où par hasard un monde viendrait à se produire, il n'y aurait aucune raison pour qu'elles parussent plutôt que d'autres et pour que dans ce monde la somme des angles d'un triangle plan ne fût pas égale à vingt-six angles droits, la partie plus grande que le tout, deux quantités égales à une même troisième inégales entre elles, le plus fort plus faible que le plus faible, le mouvement lent plus rapide que le plus rapide et autres sottises de cette espèce.

Aussi nombre de bons esprits, sages et lucides, Bossuet par exemple, ont conclu que ces vérités éternelles avaient nécessairement leur siège dans l'intelligence éternelle de Dieu, et ils ont vu là une excellente preuve de l'existence de Dieu.

---

[1] V. *Médit.*, V.

Telle était votre propre pensée, mais avec cette nuance que vous considériez ces vérités comme établies par un décret pour ainsi dire arbitraire de Dieu, en sorte qu'il aurait pu, s'il l'avait voulu, en établir d'autres et même ces liaisons d'idées que nous tenons pour absurdes. Mais comme il n'y a pas lieu de séparer l'entendement de Dieu tel qu'il est de son être même, cela revient à dire que Dieu, aurait pu, s'il l'avait voulu, être autre qu'il n'est, idée vaine entre toutes et qui entraîne la vanité de toutes les conséquences qu'on en peut tirer par la fantaisie la plus déréglée.

Toutefois comme vous avez admis dans votre troisième méditation que je pouvais être la cause éminente ou formelle de toutes ces vérités, vous n'en pouvez pas tirer présentement une preuve de l'existence de Dieu. Dans ce moment de votre discussion et par cette hypothèse, qu'au fond vous jugez fausse, vous devancez et vous annoncez Kant qui fera des vérités éternelles et des mathématiques de pures formes de ma pensée.

Je ne puis admettre pour ma part qu'à titre d'être fini qui aperçois dans le *Cogito* l'infini comme un abîme où mon acte puise sans l'épuiser jamais, j'aie légiféré pour les autres et encore moins pour l'universalité des temps et des mondes. C'est expliquer le plus par le moins. Il faut donc que ces vérités résident ailleurs que dans mon intellect, qui en est seulement averti par une irrésistible illumination ; il la reçoit et ne la crée pas.

Cependant on peut dire (il y a un temps de niaiser) que les vérités éternelles, comme elles sont, au moins en apparence, différentes les unes des autres, ne me viennent pas d'un même être ; qu'il suffirait à la rigueur qu'elles résidassent, chaque ordre à part, dans des êtres éternels qui se les communiqueraient et se mettraient d'accord pour me les communiquer concordantes ; qu'ainsi je tiendrais les vérités arithmétiques d'un Eon, les géométriques d'un autre, toutes ensemble peut-être d'une infinité d'Eons ayant chacun sa vertu illuminative. Fantaisie non indigne d'une imagination alexandrine, mais qui n'en est pas plus solide pour cela, car on demanderait d'où il vient que les vérités situées dans chaque Eon ne se trouvent pas par hasard étrangères entre elles et manifestent les lois harmoniques d'une même pensée.

20. — Mais, laissant cela, parmi ces innombrables liaisons indis-

solubles d'idées que je découvre en moi, il y en a une qui est la suivante : « être parfaitement, c'est exister », où vous avez cru voir immédiatement l'existence de Dieu.

. Et c'est bien là la plus subtile illusion métaphysique où nous ayons besoin de la prudence la plus aiguë pour ne pas nous abuser. Car il est parfaitement vrai que la perfection qui n'existe pas réellement, pour nous ce n'est pas la perfection, quoi qu'on puisse dire sur les sujets et les prédicats; qu'ainsi l'idée de la perfection est liée indissolublement pour nous à l'idée d'être et que par suite, penser la perfection, c'est du même coup la penser existante. Mais, comme vous dites si bien, « ma pensée n'impose aucune nécessité aux choses ». Or ce qui reste vrai, c'est que je ne puis penser l'idée de perfection sans la penser jointe avec l'idée d'être, d'où il suit qu'ainsi je pense Dieu existant, mais il ne suit pas que Dieu existe et nous ne tenons pas là une preuve de l'existence de Dieu.

21. — Mais il en va tout autrement si nous demeurons fidèles à la marche que nous avons suivie jusqu'ici, affirmant sur la foi du *Cogito* et de la lumière naturelle qu'il n'y a aucune idée qui existe par soi suspendue sur le vide. à plus forte raison aucune vérité éternelle et nécessaire, et que toute idée suppose pour être produite un être capable de la produire. Car la question revient alors à savoir quelle causalité substantielle, une ou multiple, suppose l'idée de perfection.

Or c'est ce que vous avez cherché admirablement dans votre troisième méditation ; et Kant, dans son chapitre « De l'idéal transcendental », a montré comment nous avons besoin de l'idée de Dieu pour raisonner, il n'a pas du tout prouvé que Dieu n'existait pas : aussi ne l'aurait-il pas voulu ; et il y a montré d'une façon inadéquate comment on forme l'idée de Dieu, à condition qu'on l'ait. Je dis : d'une façon inadéquate, car sa synthèse ne reproduit qu'une sorte de Dieu du panthéisme, nullement D'eu parfait et il ne pouvait rien opérer contre votre démonstration.

Cette idée de Dieu, substance infinie et parfaite, je ne puis la former de moi-même, puisque je suis une substance finie dont la réduplication et même la multiplication indéfinie ne donnerait jamais l'infini. Et il ne faut pas, dites-vous, « imaginer que je ne conçois pas l'infini par une véritable idée, mais seulement par la négation de ce qui est fini ». En effet, nier, c'est en quelque sorte ajouter du néant à une chose, et c'est ce que je puis bien faire, étant capable, à titre de substance, d'être la cause éminente de l'idée de néant qui est moindre que toute réalité; mais ou bien ajouter du néant à l'être fini pour l'augmenter, c'est n'y rien ajouter et le laisser fini tel qu'il est; c'est une augmentation négative, nulle. Ou bien y ajouter positivement du néant, c'est le détruire, c'est le rapetisser par des quantités négatives, comme on fait en mathématiques quand on dit : moins six ajouté à huit égale deux. Donc je ne puis en aucune façon construire l'idée d'infini, elle est par excellence dans l'ordre quantitatif la valeur positive donnée avant toutes autres, puisque toutes les autres ne peuvent la restituer.

D'autre part j'ai l'idée de Dieu comme d'un être parfait, en qui la connaissance est parfaite et l'amour parfait. Or ma connaissance est imparfaite, et mon amour est imparfait quant à sa vertu intérieure et quant à la possession de ses objets; ainsi je n'ai pas en moi de quoi former l'idée de la perfection de la connaissance et de l'amour ; et si je désire d'avoir la perfection de la connaissance et la perfection de l'amour, loin que j'en aie l'idée parce que je les désire, je les désire parce que j'en ai l'idée.

Dira-t-on que je possède peut-être en puissance toutes les perfections et que, les possédant ainsi, je les puis transporter dans l'idée que je me fais de Dieu ? Mais qu'est-ce que posséder en puissance la connaissance parfaite, sinon ne pas l'avoir ? Qu'est-ce que posséder en puissance l'infinie perfection de l'être, sinon en être infiniment éloigné ? Qu'est-ce que posséder en puissance la perfection de l'amour, sinon manquer d'amour et en être étrangement pauvre ? M'attribuer l'infinie perfection de l'être sans que je l'aie, l'infinie perfection de la connaissance sans que je le sache, l'infinie perfection de l'amour sans que je le sente, c'est une visible absurdité; c'est me considérer tout au plus comme le plus haut point, l'*apex* de cet inconscient dont la philosophie moderne a fait Dieu; car elle a pris pour Dieu ce que l'être pouvait lui offrir de plus vide, de plus infime, de plus stupide et de plus méchant, un être à partir duquel se développent toutes les formes de l'être, mais qui n'ayant rien pour les remplir, ne peut produire que des illusions, des fantômes d'êtres, des images encore. C'est votre malin génie, ce génie trompeur auquel vous songiez, qui a prétendu se faire toute la place, mettre hors Dieu même et s'en arroger le trône. Toutefois de malin que vous l'aviez fait, il est devenu nécessairement si bête qu'il ressemble à ce catoblépas qui se mangeait lui-même les pattes. En effet, puisque ce génie qui trompe les êtres par une illusion mauvaise est le même que ces êtres en qui il se déploie, c'est lui-même qu'il trompe et il est singulièrement misérable. L'orgueil humain y trouve son compte, parce qu'enfin on nous annonce que nous pouvons nous élever au-dessus de l'universelle illusion et sauver Dieu, sans qu'on nous dise il est vrai d'où nous tirons cette vertu inattendue et violant une suprême fois la règle d'or dont on n'a d'ailleurs tenu aucun compte du commencement à la fin. Mais le Dieu dont j'ai l'idée est un Dieu qui est en pleine possession d'une infinie perfection actuelle. Et vous avez dit avec pleine raison que croître peu à peu en perfection, à supposer que je le fasse, c'est imperfection actuelle ; que dût cet accroissement continuer toujours, dès qu'il tend vers une perfection infinie, il n'y arrivera jamais. L'idée que j'ai de Dieu dépasse donc tout ce que je puis produire de moi-même et ce n'est pas dans mon progrès qu'il en faut chercher la raison, c'est au contraire parce que j'ai l'idée de perfection que je suis capable de progrès conscients.

Peut-être enfin que des causes ou des êtres multiples, possédant chacun quelqu'une des perfections que j'attribue à Dieu, ont composé pour ainsi dire mon idée de Dieu à frais communs, en sorte que je rassemble dans mon idée de Dieu des qualités diverses qui seraient réparties entre eux. Il suffirait que je tinsse mon idée de l'infinité de l'être d'un être véritablement infini, mon idée de la connaissance parfaite d'un être parfaitement savant, mon idée du parfait amour d'un être parfaitement aimant. Encore faudrait-il que ces trois principes, parfaits chacun dans son ordre, eussent pour ainsi dire conspiré afin de me donner à savoir que ces éminentes qualités ne prennent leur valeur entière qu'autant qu'elles s'unissent en un même être, qu'un premier principe vivant, réel, ne saurait parfaitement aimer s'il ne connaît parfaitement ce qu'il a à aimer ; qu'un premier principe vivant, réel, ne saurait parfaitement connaître s'il est borné dans sa nature ; et qu'aussi bien un premier principe vivant, réel, qui n'est point borné dans sa nature ne saurait être privé par lui-même des puissances de la connaissance et de l'amour. C'est dire en un mot que l'idée des perfections de Dieu nous rejette sur l'idée d'un seul Dieu et que cette idée est de telle sorte qu'il n'y a que Dieu qui la puisse faire, soit en moi, soit ailleurs.

Cette idée est donc quelque chose de tout à fait exceptionnel et de singulier, comme vous l'avez noté à maintes reprises. Elle est singulière, en ce qu'elle nous donne la pensée de Dieu qui n'a pas d'égal. Elle est par suite exceptionnelle en ceci : tandis que les autres idées m'annonçaient comme causes possibles des êtres divers, soit moi, soit d'autres êtres réellement existants en ce monde, soit des esprits capables d'illuminer mon esprit, l'idée de Dieu ne me signale comme cause possible qu'un seul être, qui est Dieu même.

Mais cette preuve de l'existence de Dieu par l'idée de Dieu n'a rien d'exceptionnel ni de singulier quant à la marche qu'elle suit ; elle est simplement un cas entre autres de la loi universelle de la causalité et du principe qui veut que rien ne naisse de rien, que toute image procède d'un être et qu'il y ait au moins autant dans la cause que dans l'effet.

Dès lors, elle peut se mettre en forme comme ceci, si on veut bien se souvenir que vous appelez cause éminente celle qui a en soi plus qu'il ne faut et cause formelle celle qui a en soi assez pour produire l'effet.

Majeure : toutes les idées signalent quelque être réel comme cause formelle ou éminente.

Mineure : or l'idée de perfection signale comme seule cause formelle un être parfait réel.

Conclusion : donc un être parfait, Dieu, est réel.

22. — Et maintenant, il est bien visible qu'en formulant l'argument ontologique, vous n'avez pas fait autre chose qu'ériger en une prétendue preuve immédiate la conclusion de l'argument déduit de la manière la plus légitime de l'idée du parfait. Vous avez été séduit par ce qu'il y a, semble-t-il, de manifeste dans cette pensée qu'un être, pour être parfait, doit être, et vous avez fait de l'existence une perfection, qui, par suite, ne pouvait manquer à l'être parfait. Mais la perfection, en Dieu, ce n'est pas d'être, car aussi bien une infinité de choses sont et pourtant ne sont point parfaites ; c'est d'être parfait, c'est la qualité de l'être, c'est le *bene esse*, comme le remarqua Leibniz quelque temps après vous. Et cette existence de Dieu, nous ne la saisissons pas directement dans la perfection que nous lui attribuons ; nous concluons cette existence par le raisonnement, en appliquant à l'idée de la perfection un principe

universel qui nous fait remonter dans tous les cas possibles de l'idée à l'être. Le passage se fait ici avec une précision qui n'est pas la même dans tous les cas et c'est une raison de plus qui vous a induit à négliger le détour nécessaire par le principe de causalité. Mais ce détour ne saurait être évité sans faute et, aussi bien, nous ne demandons pas à ce principe, quand il s'agit de démontrer cette vérité souveraine de l'existence de Dieu, plus que nous ne lui demandons dans tous les autres cas sans exception aucune.

Ainsi la preuve de l'existence de Dieu par l'idée de perfection ne se ramène pas du tout à l'argument ontologique. Kant ne l'a jamais prétendu, qui ne s'est même pas occupé de cette preuve, supposant qu'il l'avait ruinée d'avance en limitant l'efficace du principe de causalité au monde empirique. Mais comme ce philosophe a prétendu ramener toutes les autres preuves possibles à l'argument ontologique, on n'a pas manqué de dire sur la foi du maître que la preuve par l'idée de perfection sortait, elle aussi, de l'argument ontologique. C'est tout le contraire ; c'est l'argument ontologique qui sort, illégitimement d'ailleurs, de la preuve par l'idée de perfection.

23. — Si la causalité met un lien entre l'être et l'idée, l'idée et l'être, si d'autre part l'idée de perfection rayonne au-dessus de mes idées une influence qui les pénètre toutes, nous n'avons pas encore examiné si la causalité met un autre lien de substance à substance dans l'ordre de l'être. Or il n'a manqué de philosophes ni pour supposer que chaque substance ou être pouvait bien exister par soi dès le commencement, ni pour affirmer que les êtres divers étaient des sortes de spécifications de la substance infinie unique. Professer la première doctrine, c'est s'en remettre de l'existence des êtres au hasard, et le hasard est le nom du néant au point de vue de l'ordre. Quant à la seconde doctrine ou panthéisme, nous l'avons exclue quand nous avons remarqué que l'être infini et parfait n'était pas tout être, mais celui en qui l'être comportait une infinie perfection caractérisée par la connaissance et l'amour. Or la perfection de la connaissance et de l'amour réagit logiquement sur notre concept de Dieu en ce qui concerne son être même ; il faut qu'il soit infini, non en ce sens qu'il serait tout être, mais en ce sens qu'aucun autre être ne peut faire ombre à sa propre indépendance, l'indépendance étant le caractère par lequel nous avons reconnu la réalité. Il n'est

pas malaisé de déduire de là que tout être tire son être et jusqu'au plus intime de sa substance d'une création de Dieu, qu'il né jouit par lui-même que d'une certaine indépendance conférée de Dieu, que cette dépendance radicale dont il est soutenu par rapport à Dieu (et c'est là l'essentiel de votre théorie de la création continuée) est aussi ce qui fait qu'il ne saurait, quel qu'il soit, être confondu avec Dieu indépendant, en sorte que Dieu n'est aucun autre être que lui-même et qu'il est cause éminente de tous les autres êtres quels qu'ils soient.

24. — Il est vrai que parvenus à Dieu, cause des êtres, nous ne nous mettons nullement en peine de lui trouver à son tour une cause, et nous ne violons pas en cela le principe de causalité ; car ce principe est que rien ne naît de rien. Mais Dieu ne naît pas. Kant nous apprête à rire, quand il enfle la voix pour s'écrier : « La nécessité absolue dont nous avons si indispensablement besoin, comme du dernier soutien de toutes choses, est le véritable abîme de la raison humaine. L'éternité même, sous quelque sublime et effrayante image que l'ait dépeinte *Haller*, ne frappe pas à beaucoup près l'esprit de tant de vertige ; car elle ne fait que *mesurer* la durée des choses, elle ne les *soutient* pas. On ne peut ni éloigner de soi ni supporter cette pensée qu'un être, que nous nous représentons comme le plus élevé entre tous les êtres possibles, se dise en quelque sorte à lui-même : je suis de toute éternité ; en dehors de moi, rien n'existe que par ma volonté ; mais *d'où suis-je donc* [1] *?* » En vérité, cela est d'un anthropomorphisme un peu fort et d'une platitude singulière, d'une inaptitude merveilleuse à se représenter « l'être le plus élevé entre tous les êtres possibles ». Et cela est d'ailleurs parfaitement contradictoire jusque dans les termes ; car si Dieu peut dire : « en dehors de moi, rien n'existe que par ma volonté », il n'a pas à chercher en dehors de lui quelque chose d'où il tiendrait l'être involontairement. Cette bienveillante sympathie de Kant pour l'anxiété de Dieu part sans doute d'un bon naturel, mais nous ne pouvons que lui dire : « Quittez ce souci. » Car le plus élevé entre tous les êtres possibles est tout

---

[1] V. Crit. d. l. R. pure : *De l'impossibilité d'une preuve cosmologique de l'existence de Dieu*, trad. Barni.

connaissant, et ainsi la question qui vous fait délirer n'existe pas pour lui. Pourquoi Kant, parvenu sur ce Thabor, ne dit-il pas tout simplement : « Il fait bon ici, dressons-y notre tente. » Et il vaudrait encore mieux s'y assoupir que s'y agiter.

C'est la même raison qui veut qu'on remonte de cause en cause et qui veut qu'on s'arrête à une cause, à cette cause. En quoi est-il plus légitime d'obéir à la raison quand il s'agit de la science ou du devoir que quand il s'agit de la suprême explication du monde et de l'existence de Dieu ? Kant nous raille, parce que, placés en face du tableau divers des choses, nous pensons à un être souverainement réel et nécessaire. Mais cet être souverainement réel, il en parle comme d'une sorte de *totum* qui n'est pas du tout notre Dieu et qui n'en est qu'une très grossière déformation [1]. Et si, non ce dieu-là, mais Dieu nous paraît nécessaire, qu'y faire ? Il faudrait changer notre raison. Et de quelle nécessité parle-t-il donc ? Nous n'entendons pas dire qu'il y ait une nécessité qui s'impose du dehors à Dieu et qui le force d'exister, en sorte qu'étonné et en même temps forcé d'être, il se dise niaisement : « D'où suis-je donc ? » Nous disons tout uniment : « Il est », ou si on veut, comme le poète :

Il est, il est, il est, il est...

Victor Hugo ajoute : « éperdument », qui est de trop. Il n'y a ici d'éperdu que Hugo. Si Dieu parle de lui-même, il dit : « Je suis celui qui suis » ; et si c'est l'homme qui parle de Lui, encore une fois, il dit : « Il est. »

Il est nécessairement pour nous. Encore par là n'avons-nous pas la prétention d'imposer par notre pensée une nécessité aux choses, comme vous dites fort bien, maître, encore moins à Dieu. Nous ne songeons pas à le forcer d'être par la contrainte d'un de nos concepts, comme Kant le somme d'exister par son pitoyable postulat ; notre raison n'est pas une magie. Nous disons simplement qu'il est nécessaire-pour la raison que Dieu soit et nous en concluons qu'il est réellement. Il y a longtemps que l'insensé a dit dans son cœur : « Dieu n'est pas. » Il ne dépend pas de nous de guérir l'insensé, s'il ne veut pas obtempérer à la raison ; mais aussi il ne dépend pas de nous de le trouver raisonnable.

---

[1] V. Crit. d. l. R. pure : *De l'idéal transcendental* ; *Prototypon transcendentale.*

25. — Ce Dieu que nous connaissons bien, nous ne le comprenons pas. Mais aussi, maître, avez-vous marqué avec une ferme précision la différence qu'il y a entre entendre et comprendre. Nous ne comprenons que ce que nous pouvons refaire au moins par la pensée. Nous ne comprenons ce qu'est une montre que si nous sommes en état, les pièces étant séparées, de les remettre toutes en place et de nous rendre compte de la marche de l'appareil. C'est pourquoi, voulant vous rendre compte de ce monde, vous avez jugé qu'il vous le fallait refaire dès l'origine, quand bien même Dieu l'aurait créé d'abord à un point avancé de son agencement. L'entreprise se trouva présomptueuse, et nous pouvons bien vous dire que certaines de vos tentatives, celles que vous faites par exemple pour expliquer la formation du fœtus [1], nous paraissent beaucoup moins à l'abri du sarcasme que ces entités et ces formes des scolastiques que vous vouliez bannir et sur lesquelles vos adeptes ont jeté le ridicule. Vous étiez incité à ces constructions aventureuses par la force de votre imagination et par cette pensée, qu'étant d'une essence supérieure à la matière, vous deviez être capable d'en pénétrer tous les mouvements et tous les arrangements. L'ouvrage de Dieu s'est trouvé là même plus profond que le regard de l'homme et vous n'avez su éviter ni la précipitation ni l'erreur contre lesquelles vous vouliez mettre les autres en garde. Ces ébauches, même caduques, n'en illustrent pas moins la distinction véritable que vous mettez entre cette connaissance qui comprend, parce qu'elle peut faire ou refaire, et cette connaissance qui entend seulement. Quand j'entends une voix, je ne comprends certes pas avec la dernière exactitude le mécanisme par lequel le timbre en vient jusqu'à moi ; je l'entends néanmoins et je sais si elle me plaît, et que les sons qui me sont apportés ont un sens, et que quelqu'un les a proférés qui y enfermait une idée et un sentiment. Si je vois un tableau d'un Apelle [2], je ne comprends pas par quel artifice merveilleux le peintre a pu produire une telle œuvre, mais je sais qu'elle ne part pas de la main d'un barbouilleur. Je pourrais vivre mille ans sans me rendre capable de composer un poème égal au *Cid* ni une symphonie comparable à la neuvième de Beethoven ; j'en admire d'autant plus ces

---

[1] V. *Premières pensées sur la génération des animaux.*
[2] *Rép. à Gassendi.*

artistes qui me surpassent et je crois d'autant plus en eux. Je ne comprends ni l'être de Dieu ni l'idée de Lui que j'entends en moi, et je suis d'autant plus assuré de la grandeur et de la réalité de l'auteur de cette idée.

26. — Mais un Dieu que nous entendons et que nous ne pouvons intellectuellement comprendre, ainsi présent à nous et pourtant inaccessible, immanent en nous par son idée, transcendant par rapport à toute intelligence qui n'est pas la sienne propre, n'est-ce pas cet Absolu même que nous cherchions naguère, lorsque nous examinions notre pensée et qu'à cause de Lui nous rejetions toutes les fausses idoles des idéalistes ?

LA PHILOSOPHIE

L'homme est un animal philosophe. Si cette définition ne peut être contestée, cela suffit peut-être pour prouver la vérité du spiritualisme.

L'homme n'est pourtant pas philosophe de telle sorte que tous les hommes aient l'occasion, ou le talent, ou la volonté de s'adonner à la philosophie.

Beaucoup d'hommes ont autre chose à faire dans la vie que de remuer dans un esprit critique des problèmes qui demandent de sérieuses études et de longues méditations. Ce serait être orfèvre à un insupportable degré que de vouloir que tout le monde fît de l'orfèvrerie. Encore devons-nous souhaiter que le plus grand nombre d'hommes possible participe, chacun selon sa mesure. à un usage de la raison où il ne s'agit pas seulement de l'ornement et de la parure de la vie, mais de la direction de la conduite et de la signification de la vie même.

Nous sommes tous philosophes, mais nous le sommes comme nous sommes peintres, musiciens, mathématiciens ou ingénieurs. Les uns sont faits pour peindre, les autres pour regarder la peinture. Beaucoup n'ont pas d'éducation de l'oreille et ont peu d'oreille. L'un appliquera ses calculs à ses livres de compte, un autre ne se sentira d'invention que pour raccommoder le joug ou la crèche des bœufs qu'il aime. Il faut respecter la forme de chaque esprit. De ceux qui auraient le loisir de s'intéresser aux problèmes de la spéculation, le plus grand nombre n'en a pas la volonté; nous devons supposer qu'ils n'y auraient guère d'aptitude, puisqu'un mouvement naturel ne les y porte pas.

Il semble qu'à cet égard, notre temps, qui parle volontiers de progrès, demeure passablement loin de l'ancienne société française. Montaigne, pendant de longues années, fut dans toutes les mains. La doctrine de Descartes émut les grands, les princes, la Sorbonne, elle servit de thème à la réflexion et à la causerie de tous les honnêtes gens, en France et ailleurs. Le monde prit un intérêt passionné à une question théologique qui touchait les problèmes les plus ardus et les plus profonds de la grâce et de notre destinée. Il est vrai qu'on n'était pas fort éloigné des guerres de religion qui avaient rappelé violemment l'attention vers les dogmes. Les femmes attendaient avec impatience une lettre de Louis de Montalte, toutes la lisaient, plusieurs étaient capables de l'entendre. Elles avaient leurs romans, mais elles accueillaient et digéraient les Essais de Nicole. Un grand nombre d'hommes faisaient des lectures solides. La *Recherche de la vérité* fut une sorte de succès de librairie. Déjà, au siècle suivant, la pensée dut se faire plus légère pour aller dans le monde, elle s'évapora ; dans les écrits de ceux qu'on appela alors les philosophes et dans les ouvrages de Rousseau, il y a cependant un désir et un souci de découvrir la vérité qui suffisent à les rendre illisibles pour le public de nos jours. Chaque époque n'a pas les mêmes difficultés et la nôtre en a que ces temps ne connurent pas ; si on n'ose pas dire qu'elle y pense, elle les sent. C'est assez peut-être pour la détourner de la spéculation. Elle a ses triomphes et ses anxiétés ailleurs et elle n'est pas moins dévouée qu'une autre au divertissement. Il faudrait fermer les yeux pour ne pas voir qu'elle a subi grandement l'effet de certaines doctrines toutes spéculatives, mais c'est par contre-coup ; le public qui lit n'a pas pris la peine de les aller connaître dans leur source. S'ils volent moins que leurs aînés sur la bouche des hommes, c'est une occasion pour les philosophes de montrer de la philosophie, et ils ne doivent guère en avoir cure. Le public ne leur fait ni mauvaise mine ni mauvaise part et il les laisse, non sans quelque curiosité amie, se livrer entièrement à leurs méditations.

Il y a seulement de par le monde un certain nombre de gens qui affectent de ne plus vouloir croire à la philosophie. L'espèce sans doute n'en est pas nouvelle. On les a appelés les grossiers, les matériels, et il se pourrait que ce dernier terme caractérisât fort exactement la plupart d'entre eux, sinon tous. Comme les sciences ont fait depuis une centaine d'années des progrès admirables et ont pris un développement inconnu, c'est l'autorité indiscutable de la science qu'ils allèguent maintenant à l'ordinaire ; ils parlent physiologie, ar ' mie, chimie, statistique, électro-dynamique, poids, mensuration, nombres ;

ils font profession de ne tenir compte que des choses visibles et sont
dévots à toute mathématique. Vous leur allégueriez en vain que la
vérité des mathématiques, tout au moins de l'arithmétique, est un
assez grand mystère; ils le prennent comme un fait indigne d'attention. Vous vous dispensez volontiers d'entrer en conversation avec eux
sur les matières de philosophie, parce que vous sentez qu'ils ont leur
parti pris; c'est eux qui vous tâtent d'un air dégagé, en vous laissant
à comprendre que vous êtes un niais de chercher au delà de ce qui
se voit. Certes ils ne savent rien de la théorie de la vision chez Malebranche ou chez Berkeley; mais que le sujet soit effleuré, ils vous
décriront la rétine, la cornée, la tache jaune et ils penseront qu'ils
vous ont laissé l'impression d'un modeste et grand savant; si c'est la
pensée, ils seront abondants sur les cellules nerveuses qui hier se
touchaient et qui maintenant ne se touchent plus peut-être, car on ne
sait pas. Ils disent quels sont les endroits de la peau où la sensibilité
est la plus déliée, ceux où elle est la plus obtuse. Tout cela est tout à
fait bon et m'intéresse vivement et sincèrement. Mais le problème de
la perception est merveilleusement captivant. Pouvons-nous percevoir réellement quelque chose qui ne soit pas nous et tout ce qui est
en nous n'est-il pas de nous? Si nous percevons des choses qui ne
soient pas nous-mêmes, les percevons-nous comme elles sont ou le
monde de nos sensations n'est-il qu'un symbole d'un objet qui nous
soit inconnu? Dans la perception, quelle qu'elle soit, y a-t-il une
part de notre activité? S'il y en a une, quelle est-elle? Quels rapports la perception soutient-elle avec la sensation, avec l'imagination,
l'intelligence, la raison? Est-ell une simple analyse des éléments
confus qui s'offrent à nous, ou en est-elle une synthèse? Autant de
questions que le philosophe n'évite pas, auxquelles il s'attache obsti-
nément. Aussi bien, elles sont en grande partie la matière que traite
par exemple la *Critique de la raison pure*. J'admets qu'on en vienne
à les considérer comme inutiles, oiseuses, insolubles. C'est une attitude d'esprit que je ne demande qu'à comprendre, encore faut-il me
l'expliquer; et donner les raisons de son scepticisme, c'est philosopher. Aristote disait : « S'il faut philosopher, il faut philosopher, et
s'il ne faut pas philosopher, il faut encore philosopher. » Ce qu'il
n'avait pas prévu, c'est qu'à son dilemme on répondrait géographie
ou art des jardins.

On ne peut guère s'attaquer à de tels problèmes sans quelque

initiation et il ne semble pas qu'à l'heure qu'il est une telle investiga-
tion puisse être un peu sérieuse sans l'aide de l'histoire. Mais comme
il faut que déjà le problème soit aimé avec l'effort qu'il exige, de
même il faut demander ses secours à l'histoire de la philosophie en
l'aimant, dans un esprit critique, non hostile. On ne comprend bien
qu'en essayant d'abord la sympathie, je ne dis pas en s'y tenant toujours, mais en essayant. C'est la méthode. Un saint Thomas lui-
même essaye d'abord les thèses qu'il condamnera, quelles qu'elles
soient. Un éducateur ne vaudra rien qui ne commencera pas par se
mettre en état de sympathie avec son élève, par se mettre pour ainsi
dire dans le mouvement du jeune esprit dont il assume la conduite et
qu'il entreprend de diriger. Pour apprendre, c'est-à-dire pour comprendre les mathématiques, il faut repenser pour son compte les
théorèmes qui vous sont exposés, user dans les combinaisons que
provoquent les problèmes des vérités qu'on a acquises. Dans les
sciences de la matière brute ou organisée, on n'ira pas loin si on
s'abstient de manipuler, d'expérimenter, en un mot d'agir. Il en va
tout de même en philosophie. Amiel ne dit pas mal : « Comprendre... la chose à expliquer, c'est la concevoir tout entière dans sa
genèse et sa vie, c'est la refaire mentalement sans lacune, sans addi-
tion, sans erreur. C'est donc s'identifier à elle d'abord et la rendre
transparente par l'interprétation juste et complète [1]. » Ce n'est pas
assez : la théorie qu'on examine, il faut avec son aide expérimenter,
manipuler ; il faut voir ce que l'hypothèse donne et ce qu'elle ne donne
pas. Si on s'amuse seulement à faire voir qu'elle est différente d'une
autre, si on se contente de rapprocher les doctrines en les opposant,
à la manière de Bayle ou de Voltaire, on est comme quelqu'un qui
nierait les lois de l'architecture, parce que le Parthénon a des lignes
horizontales et Notre-Dame de Paris des ogives, parce qu'il y a un
dôme à Saint-Pierre de Rome et des clochers à Chartres, à Chambord
un toit qui s'enlève dans l'air et à Versailles pas de toit visible à l'œil.
Il faut chercher s'il y a une âme de vérité incluse dans la doctrine
que l'on considère, sinon les sentiments des philosophes, *placita
philosophorum*, ressembleront à la juxtaposition des Petites Maisons,
leurs opinions seront comme les feuillets d'observation de Charenton,

---

[1] *Journal intime*, 15 août 1871, plus tard.

là philosophie aura dans son ensemble l'aspect d'un grand Bedlam. Certes on peut tirer de là des effets très comiques, et Voltaire ne s'en est pas fait faute quand il a écrit le dictionnaire et ses romans qu'il appelle philosophiques, *Candide* par exemple. Ç'a été le progrès du XIXᵉ siècle, de chercher à comprendre ; l'histoire vraie, même celle de l'erreur, est celle qui comprend ; celle qui raille sans comprendre est une fausse histoire de l'erreur, même quand elle a raison et qu'elle est dans le vrai, puisqu'elle ne sait pas et ne peut pas donner à connaître qu'elle est dans le vrai.

Or ce qui manque pour comprendre les doctrines philosophiques, souvent ce n'est pas l'intelligence, ni même de quoi y prendre intérêt. Mais il y a idée préconçue. préjugé, arrêt systématique et volontaire de la faculté de philosopher. Appelons cela esprit positif. C'est l'état d'un esprit qui prétend s'en tenir strictement aux sciences dites positives. J'en ai connu un très bel exemple dans un homme scrupuleux qui souffrait de ne pas philosopher. Il croyait que c'est un devoir de ne pas philosopher ; c'était une superstition. Que de fois je lui ai dit : « Je puis vous démontrer positivement que tout ne relève pas des sciences positives. Philosophons. — Non. » C'était une barre qu'il s'était tracée ou qu'il croyait tracée, une suggestion reçue et invincible. De petits génies s'y arrêtent, comme le barbet noir et crotté devant le tétragramme de Faust.

Il arrive aussi maintes fois que l'esprit positif n'est pas aussi strict qu'il veut bien se dire, que cette prétendue barre est une courbe sinueuse aux angles infiniment ouverts. une règle de plomb ployable au gré du désir, qu'on parle par exemple de l'éternité de la matière ou de quelques autres données semblables qu'on croit propres à évincer la spéculation philosophique[1].

Laissons de côté cette éternité où il y aurait bien quelque chose à relever. Quelle est la matière dont on parle ? Est-ce celle des hylozoïstes et d'Aristote. une δύναμις, une puissance capable de se spé-

---

[1] Il va sans dire que les endroits du monde où il serait peut-être le plus malaisé de découvrir l'état d'esprit que je décris. c'est les laboratoires de psychologie, où d'ingénieux expérimentateurs se livrent à des travaux que la philosophie accueille avec l'intérêt le plus vif. J'ai déjà pris occasion de dire tout le prix que j'attache à leurs recherches. V. la *nouvelle préface du Rôle des Concepts.*

cifier sous les formes où elle se présente à nous? Ou bien est-ce la matière de Descartes, identique à l'étendue? Ou bien encore celle de Démocrite, des atomes qui entrent en combinaison? Si on ne veut pas que ce soit aucune de celles-là, je prie qu'on m'en montre une quatrième sorte ; et si on ne veut pas me dire comment on l'entend, qu'on ne me parle plus de matière.

Généralement l'esprit positif préfère la matière démocritienne. Pourquoi des hommes pénétrés de l'esprit positif et qui font ordinairement profession d'adhérer à la doctrine évolutionniste, ont-ils cette inclination plus ou moins consciente, plus ou moins avouée pour cette hypothèse très vieille, nullement compliquée, qui n'est peut-être qu'un moment de l'élaboration de la représentation du monde et qui, prise seule, semble ne rien expliquer du tout? Car, faisons-en la genèse psychologique : il y a dans le monde de gros corps séparés et d'ailleurs divisibles qui se meuvent et qui se choquent ; supposons qu'il y en a de petits, si petits qu'ils ne se divisent plus, et qui se meuvent et qui se choquent : voilà le monde.

Or la grosseur ne fait rien à l'affaire ; pour y prendre garde, il ne faut pas être plus métaphysicien que Rousseau, et assurément c'est ne l'être guère[1]. Imaginons nos petits corps grossis au microscope, leurs rencontres ne nous donneront jamais que des chocs. Laissons-leur leur petitesse : le monde sera un sac de poussière vidé dans un trou, l'espace. Qu'importe que ce soit un gros sac et un très grand trou? Évidemment, nous sommes là en face d'une conception très primitive et d'ailleurs riche de difficultés. Pourquoi ces rencontres et ces concentrations de corpuscules dans un espace illimité où les seules lois des chocs devraient produire une diffusion indéfinie? D'où sont prises les forces dont on a besoin? Comment des corps peuvent-ils voyager à travers rien et comment rien est-il une distance? Comment de ces corps régis par la seule mécanique peut-il se dégager des résultantes de sensibilité, de pensée? Cette conception est, à première vue, bien moins réfléchie et bien moins solide que le phénoménisme de Hume de Stuart Mill, de Taine?

Est-ce à dire qu'elle soit méprisable? Non, si nous y cherchons l'âme de vérité, si nous en comprenons la genèse logique.

---

[1] D'ailleurs la remarque est de Leibniz. *Monadologie, 17.*

C'est un fait, mystérieux il est vrai, que l'homme pense par continuité et discontinuité. Il est clair que la continuité est ici donnée par
l'espace, qui est partout, et la discontinuité par l'atome. Là est un
certain fonds légitime du système de Démocrite. Nous sommes en
droit d'en tirer pour notre représentation du monde tout ce qu'elle
contient, rien de plus.

Une doctrine philosophique une fois posée, il est toujours loisible
de la reprendre. On peut s'en contenter à tort ou à raison et la reprendre telle quelle. Ainsi fit Gassendi de la doctrine de Démocrite. On
peut la reprendre en essayant avec plus ou moins de bonheur de lui
donner plus de force. Telle fut à peu près la tâche que se donna
Ravaisson en ranimant l'aristotélisme. Spir, avec un esprit beaucoup
moins averti, renouvelait l'éléatisme. Renouvier voulut expressément
améliorer le criticisme de Kant. L'atomisme démocritien aurait-il été
en effet renouvelé, vivifié, fortifié?

Serait-ce par exemple sous la forme savante de l'atomisme chimique? En aucune façon, et pas un chimiste sérieux ne consentirait à
ce rapprochement ou à cette assimilation, pas un qui ne branlât la
tête si on voulait voir naïvement dans la théorie dont il se sert une
expression philosophique de l'état premier de la matière. L'atome
chimique est tout différencié. C'est provisoirement un atome de fer,
de chlore, de cuivre. Il est déjà tout qualitatif, avec des affinités
précises. Sans doute l'atome de Démocrite, avec sa densité, son poids,
sa forme, son éternité, sa direction, était infiniment plus qualitatif que ne l'ont cru ses lointains inventeurs et tous leurs adeptes
après eux. Néanmoins l'atome chimique ne saurait être qu'une pyra-
mide, un édifice prodigieusement complexe d'atomes démocritiens.

L'atomisme démocritien aurait-il pris des vertus inattendues en se
transformant sous la main de Tyndall, qui veut que les atomes soient
annulaires? Qu'importe que nos grains de poussière aient un trou au
milieu? Déjà les atomes de Démocrite étaient selon lui insécables et
élastiques. On nous propose de petites couronnes de gaz au lieu de
petits diamants; il est possible que l'atomisme se présente ainsi sous
une meilleure figure scientifique et c'est affaire aux physiciens et aux
savants de voir les services qu'ils peuvent lui demander; cela ne lui
donne pas plus de portée philosophique.

Des hommes placés au point de vue de l'explication positive et qui
voyaient l'impuissance du vide et des corpuscules de Démocrite, ont

imaginé une matière continue ponctuée de centres de forces. Tel fut
le système physique de Boscovich. Ce savant s'inspira de Leibniz et
de Newton. Sa théorie n'en est pas moins un retour à la conception
de Descartes pénétrée d'un ferment aristotélicien, ces centres de forces
jouant le rôle d'une forme de la matière cartésienne. Par rapport à
l'atomisme démocritien, c'est un atomisme dynamiste où on voit assez
comment il est fait état de la continuité et de la discontinuité.

D'autres mettent dans l'atome tout ce qui n'en pourrait provenir,
s'il n'est qu'un petit bloc ou un petit cercle purement solide : la
sensibilité, la vie, et aboutissent à une sorte d'hylozoïsme leibnizien.
Ce fut la théorie de Durand de Gros. Cette fois, l'atomisme se fait
animique et réalise sur la continuité du plan psychique la discontinuité individuelle. C'est à peine un matérialisme, si c'en est un. Aussi
cette troisième solution, à cause même qu'elle est animiste, rencontre-
moins d'accueil auprès de l'esprit positif : Durand de Gros souffrit
beaucoup de l'isolement où le tenaient ceux qui étaient ses confrères
dans les sciences de la nature, et s'il reçut enfin quelque consolation,
ce fut plutôt des philosophes.

La seconde solution qui met dans la matière, non plus une vie,
mais une force, est plus matérialiste et il est impossible qu'un
matérialiste, bon gré mal gré, n'en garde pas quelque chose.
Cependant elle ne répond qu'imparfaitement à son désir, parce
que la force a encore quelque chose de psychique, elle ressemble trop à une spontanéité. La science se donne très tranquil-
lement les forces qu'il lui faut pour fonder la série de ses énoncés, sa
tendance légitime n'en est pas moins d'évincer autant que possible
toute qualité occulte et par conséquent de traiter autant que possible
comme inerte ce que, pour la commodité du langage, elle appelle la
matière, sans se targuer le moins du monde de décider seulement
s'il y a une matière. A sa suite, l'esprit positif désire l'inertie de la
matière, l'unité dans l'inertie et il retombe à quelque chose comme le
démocritisme, en s'aveuglant sur les infirmités rédhibitoires de sa
conception.

On pourrait être tenté de tirer argument de ce que le matérialisme
atomiste, plus ou moins conscient, plus ou moins élaboré, plus ou
moins confus ou net, reparaît toujours, dure, subsiste comme un roc
parmi d'autres doctrines plus changeantes, comme une espèce presque
immuable dans ce monde mouvant des conceptions intellectuelles :

il n'en faudrait pas plus pour attester son inébranlable valeur.

Non causa pro causa. Si le matérialisme atomiste se perpétue, ce n'est pas à cause d'une valeur intrinsèque qu'il aurait, c'est en vertu de la loi du moindre effort. Cette théorie est celle qui demande le moindre effort d'esprit. C'est à ce titre qu'elle avait été choisie par Épicure, essentiellement économe de raisonnement. Elle suffit aux gens qui n'ont pas le temps de s'occuper de philosophie, ou qui ne veulent pas s'en occuper, ou qui veulent savoir la philosophie sans s'en occuper.

Or la tendance au moindre effort immédiat est toujours une infériorité théorique et pratique. Croire que le soleil tourne autour de la terre demande moins d'effort que d'élaborer le système de Copernic. Passer une rivière à gué ou à la nage demande moins d'effort que de construire un pont. Mais le système du plus grand effort immédiat venant à prévaloir, je me libère pour la suite. Je prévois des éclipses et je n'en ai plus peur, je fais passer sans peine au-dessus du fleuve de lourds fardeaux. Par l'effort, je me suis élevé de la sphère de l'effort dans le règne de l'activité libre.

Voilà justement l'histoire de la vraie philosophie, de la science de l'être. Elle est d'abord difficile, car il ne suffit même pas de l'apprendre des livres, comme la cosmographie ou la géographie, il faut qu'elle soit apprise du fond de nous-mêmes. Mais aussi elle est la seule science. Qui ne l'a pas peut avoir des sciences, qui l'a, a, dans la mesure qui convient à l'homme, la science. Je ne connais les autres sciences qu'à travers mon être. je ne les possède donc pas vraiment si je n'ai la science que je dois avoir de mon être. Et à mesure qu'on possède cette science. elle est une méthode de plus entière liberté. On perçoit toutes les doctrines, donc on ne les subit plus, on est affranchi. On a une méthode de perception des choses, c'est une vie. On n'est plus passif, on a une énergie qui ne vient plus des impulsions ; ou du moins, c'est à quoi on tend. à une vie qui sait.

Quelle attitude va résulter de là vis-à-vis de la science au sens strict du mot ? Est-ce le dédain ? Nullement. L'esprit positif récuse le métaphysicien, le métaphysicien accepte l'esprit positif. Et cela pour des raisons qui sont à peu près celles de Platon. Nous croyons que les phénomènes se projettent plus ou moins lumineux dans la chambre obscure de l'espace. comme la flamme et l'ombre dans la caverne. Le même Platon regardait avec une singulière anxiété l'image des objets dans le miroir des eaux. Nous en observons, non sans une intime émotion, le reflet mobile dans le cours du temps. La philosophie métaphysique doit être construite dans l'esprit avec tout le respect possible de cette silhouette apparente des choses que définit la science.

Nous ne manquons pas de foi dans la science, car nous savons ce qu'elle donne : des égalités ou des proportions dans l'espace, des consécutions dans le temps. Or ces consécutions sont telles qu'on peut le plus souvent insérer des intermédiaires entre les moments où elles se déploient ; entre l'expansion de la vapeur et son arrivée à l'air libre, l'ingénieur insère le mobile qui commande l'arbre de l'hélice ; entre l'accalmie et l'accès de fièvre, le médecin insère le quinquina. Ainsi la science devient un mode et un pouvoir indéfini d'action dans ce monde sensible.

Mais elle ne voit ni ne touche le fond de l'être ; elle n'est que le schème de son état et de son devenir. Elle n'est qu'un système de signes instructifs et utiles. L'être même n'est perçu que par la métaphysique, la réflexion sur soi, la conscience, connu que par la science de l'être. Et si l'humanité par impossible renonçait à la science de l'être, s'en détournait, ce serait une involution, une rétrogradation au-dessous du niveau de l'intelligence raisonnable, un cas d'atavisme animal peut-être, une récurrence vers l'amibe ou la monère primitive.

Maints jeunes gens sont enclins à l'esprit positif. Ne les jugeons pas mal pour cela. C'est par enthousiasme même pour le vrai et par l'effet d'une vive sincérité ; c'est par l'immédiation du désir de la vérité, qu'ils voient là, faute d'y avoir assez pensé. S'ils gardent cette sincérité, la vie leur apprendra le reste. Le seul point important, le seul aussi qui soit réellement malaisé, c'est de garder cette sincérité ardente et fraîche, cette volonté de suivre la vérité où elle nous mène. Elle doit nous mener à la philosophie, à la sagesse.

ERRATUM

Fautes dont on s'est aperçu depuis le tirage de la première étude :
Je suis.

Veuillez lire :

Page 19, ligne 6 : perception étendue.

— 69, — 31 : *Raimond Sebond.*

— 77, — 3 : νόησις.

— 98, — 7 : le plus libre ?

— 104, — 34 : ne se distinguent.

TABLE DES MATIÈRES

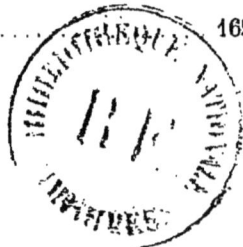

Grenoble, imp. ALLIER FRÈRES, cours de Saint-André, 26.

www.ingramcontent.com/pod-product-compliance
Lightning Source LLC
Chambersburg PA
CBHW072100080426
42733CB00010B/2168